La fin de la liberté

Vers un nouveau totalitarisme ?

GORE VIDAL

La fin de la liberté

Vers un nouveau totalitarisme ?

Traduit de l'anglais (États-Unis)
par Florence Lévy-Paoloni

BIBLIOTHÈQUE RIVAGES

Titres originaux : « September 11th and After », « The Meaning of Timothy McVeigh », « Shredding the Bill of Rights », « The New Theocrats », « *Time* cries Eke ! buries Gore », « A letter to be delivered »

106, boulevard Saint-Germain – 75006 Paris

ISBN : 2-7436-0966-4

INTRODUCTION

Certains pourraient penser, en considérant la Liberté bâillonnée de la couverture, que, si je suis largement publié, par intermittence, aux États-Unis, il ne peut y avoir vraiment de censure. En réalité, je suis publié à contrecœur sur les sujets délicats, car, en un demi-siècle, j'ai acquis un public de lecteurs fidèles. Aujourd'hui, tandis que la guerre perpétuelle de l'Amérique pour une paix perpétuelle est passée à la vitesse supérieure, le premier essai de ce volume a été supprimé.

Après les événements de septembre dernier, l'un de nos intellectuels les plus distingués, Arno J. Mayer, professeur émérite d'histoire à l'université de Princeton, a écrit « Réflexions intempestives », où il explique pourquoi ce qui est arrivé est arrivé. Tous les journaux ont refusé son article, y compris *The Nation*, dont je suis l'un des collaborateurs. Finalement, *Le Monde* l'a publié (27 septembre 2001). Voici deux paragraphes que les Américains, à moins qu'ils ne parlent français – ou encore italien –, n'auront pas l'occasion de lire.

« Jusqu'à présent, à l'époque moderne, les actes de terreur à échelle individuelle restaient l'arme des faibles et des pauvres, tandis que la terreur étatique et économique est l'arme des forts. Dans les deux cas, il est évidemment important de faire la distinction entre cible et victime. Cette distinction est limpide dans l'attaque fatale sur le World Trade Center : la cible est un symbole éminent et l'un des cœurs névralgiques de la puissance économique et financière mondialisée ; la victime, infortunée, la force de travail souvent subalterne. La même distinction ne vaut pas pour l'attaque du Pentagone, en dépit de dommages "collatéraux" en vies humaines, pour reprendre précisément la terminologie du Pentagone. Y est abrité le commandement militaire suprême – l'*ultima ratio regum* – de la mondialisation capitaliste.

L'Amérique est, depuis 1947, le pionnier et l'acteur principal de la terreur d'État « préventive », exercée exclusivement dans le tiers-monde et, par conséquent, dans une indifférence quasi générale. Outre la subversion et le renversement assez classiques de gouvernements dans le cadre de la compétition avec l'Union soviétique durant la guerre froide, Washington a eu recours aux assassinats politiques, aux escadrons de la mort, à de douteux combattants de la liberté (dont Ben Laden). Washington est aussi derrière la mort de Lumumba et Allende ; sans oublier les tentatives de meurtre pour éliminer Castro, Kadhafi et Saddam Hussein... et son veto à tous les efforts pour contenir non seulement les violations des accords internationaux par Israël, mais également sa propre pratique de la terreur d'État préventive. »

Comme nous le savons en Europe, *Le Monde* est un journal « intellectuel » et modérément conservateur, qui soutient Israël depuis toujours. Quant au professeur Mayer, il est « diplômé » des camps de concentration.

Le 11 septembre et après

Selon le Coran, Allah a créé les ténèbres un mardi. Le 11 septembre dernier, quand des pilotes-suicide ont fait s'écraser des avions de ligne sur des bâtiments américains où travaillaient de nombreuses personnes, je n'ai pas eu besoin de regarder le calendrier pour vérifier quel jour on était : le Mardi noir projetait son ombre immense sur Manhattan et le Potomac. Je n'ai pas non plus été surpris qu'en dépit des quelque sept mille milliards de dollars dépensés depuis 1950 pour ce que nous appelons par euphémisme la « Défense », il n'y ait pas eu de mise en garde préalable de la part du FBI, de la CIA ou de la Defense Intelligence Agency.

Tandis que les « Bushites » se préparaient avec empressement pour l'avant-avant-dernière guerre – des missiles nord-coréens, facilement identifiables à leurs emblèmes, devaient pleuvoir sur Portland, dans l'Oregon, et être interceptés par les ballons de notre bouclier anti-missiles –, le rusé Oussama Ben Laden savait que tout ce dont il avait besoin pour mener sa guerre sainte contre les infidèles, c'était d'aviateurs prêts à mourir avec les passagers qui se trouveraient par hasard dans les avions détournés. Comme tant de gens fortunés, Oussama n'est pas du genre à jeter l'argent par les fenêtres. Apparemment, les billets d'avion des dix-neuf pirates de l'air décédés et identifiés avaient été payés avec une carte de crédit. Je soupçonne que la United et l'American Airlines ne seront jamais remboursées par American Express dont les bureaux de New York ont été détruits – par inadvertance ? – par Ben Laden.

Dans l'avion qui s'est écrasé en Pennsylvanie, un passager a annoncé au téléphone que lui et une douzaine d'hommes – dont plusieurs athlètes – étaient sur le point d'attaquer les pirates. « C'est parti ! » a-t-il lancé. Une bagarre. Un cri. Le silence. Mais l'avion qui visait, semble-t-il, la Maison-Blanche a terminé sa course dans un champ près de Pittsburgh. Nous avons toujours eu des civils sages et courageux. Ce sont les militaires, les politiques et les médias qui font problème. Après tout, nous n'avons jamais eu affaire à des bombardiers-suicide depuis les kamikazes, comme on les appelait dans le Pacifique où j'étais un soldat indolent pendant la Seconde Guerre mondiale. À l'époque, le Japon était l'ennemi. Aujourd'hui, c'est Ben Laden... Les musulmans... Les Pakistanais... Les uns après les autres.

Le téléphone sonne. Une voix bouleversée qui vient des États-Unis. « Berry Berenson est morte. Elle était sur le vol... » Le monde est devenu surréaliste. Des Arabes. Des couteaux en plastique.

La belle Berry. Que pouvaient bien avoir en commun ces éléments, sinon un rendez-vous inattendu en Samarie avec cette voyageuse infatigable qu'est la Mort ?

Le téléphone n'arrête pas de sonner. En été, je vis en Italie, au sud de Naples. Les journaux italiens, la télévision, la radio veulent des commentaires. Moi aussi. J'ai écrit récemment sur Pearl Harbor. Alors, on me pose sans arrêt la même question : n'est-ce pas exactement comme le matin du dimanche 7 décembre 1941 ? Non, pas du tout, dis-je. Pour autant qu'on le sache à l'heure actuelle, nous n'avons pas été prévenus de l'attaque de mardi dernier. Bien sûr, notre gouvernement détient de très nombreux secrets que nos ennemis ont toujours l'air de connaître à l'avance, mais dont notre peuple n'a connaissance, le cas échéant, que des années plus tard. Le président Roosevelt a provoqué l'attaque des Japonais à Pearl Harbor. J'ai décrit les différentes étapes de ce processus dans un livre, *The Golden Age*. Nous savons aujourd'hui ce qu'il avait en tête : venir en aide à l'Angleterre contre Hitler, l'allié des Japonais, plan vertueux qui s'est terminé triomphalement pour la race humaine. Mais qu'est-ce que Ben Laden avait – a encore – en tête ?

Depuis plusieurs décennies, le monde musulman est systématiquement diabolisé par les médias américains. Comme je suis un Américain loyal, je ne suis pas censé vous dire *pourquoi* il en a été ainsi, mais il faut rappeler que ce n'est pas dans nos habitudes de chercher *pourquoi* quelque chose se produit, sinon en accusant les autres de malveillance gratuite. « Nous sommes bons », annonçait un profond penseur à la télévision américaine. « Ils sont mauvais », et l'affaire est dans le sac. Bush, en personne, a ajouté en quelque sorte la touche finale dans un discours prononcé lors d'une séance des deux chambres du Congrès où il a livré aux parlementaires – et, d'une certaine manière, à nous tous – sa connaissance approfondie des ruses et des usages de l'Islam : « Ils détestent ce qu'ils voient ici, dans cette Chambre. » Un million d'Américains ont approuvé devant leur poste de télévision. « Leurs chefs sont autodésignés. Ils détestent nos libertés, notre liberté de religion, notre liberté de parole, notre liberté de vote et de réunion, et ils ne sont pas d'accord entre eux. » À ce moment poignant, le cœur des Américains s'est soulevé comme une daurade de Floride qui mord à l'hameçon.

En admettant que Ben Laden, ce Saoudien de quarante-quatre ans, soit le principal responsable, on sait étonnamment peu de chose sur lui. On peut supposer qu'il soutient les Palestiniens dans leur soulèvement contre les Israéliens d'origines européenne et américaine, résolus, pour nombre d'entre eux, à instaurer un État théocratique là où une terre sainte commune aux juifs, aux musulmans et aux chrétiens, aurait dû voir le jour. Mais si Oussama a jamais versé des larmes pour Arafat, elles n'ont guère laissé de traces. Alors pourquoi lui et des millions d'autres musulmans nous haïssent-ils ?

Parlons d'abord de cet homme d'un mètre quatre-vingt-quinze qui est entré dans l'histoire en 1979 comme guérillero allié à la CIA pour défendre l'Afghanistan contre l'envahisseur soviétique. Était-il anticommuniste ? Question hors de propos. Il lutte contre la présence des Infidèles dans le pays du Prophète. Considéré comme fabuleusement riche, Oussama pèse quelques millions de dollars « seulement », selon un de ses proches. C'est son père qui se constitua une immense fortune grâce à une entreprise de bâtiment spécialisée dans la construction de palais pour la famille royale saoudienne. Cette entreprise vaut aujourd'hui plusieurs milliards de dollars, vraisemblablement partagés entre les cinquante-quatre frères et sœurs d'Oussama. Bien que parlant parfaitement l'anglais, il a fait toutes ses études à Djedda, en Arabie saoudite, et n'a jamais quitté la péninsule Arabique. Plusieurs de ses frères vivent dans la région de Boston et versent des sommes importantes à Harvard. Il semble que de nombreux membres de sa famille l'aient désavoué et qu'une grande partie de ses avoirs aient été gelés dans le royaume saoudien.

Maintenant, d'où vient l'argent d'Oussama ? C'est un excellent collecteur de fonds pour Allah, mais seulement dans le monde arabe ; contrairement à la légende, il n'a pas reçu d'argent de la CIA. C'était aussi un remarquable organisateur en Afghanistan. En 1988, il a prévenu le roi saoudien que Saddam Hussein allait envahir le Koweït. Oussama pensait qu'après ses victoires dans la guérilla contre les Russes lui et son organisation seraient appelés par les Saoudiens pour stopper les Irakiens. Horrifié, Oussama a vu le roi Fahd faire appel aux Américains : ainsi les Infidèles ont-ils pris pied sur le sable sacré de Mohammed. « Ce fut le moment le plus atroce de ma vie », a-t-il dit. Pour lui, « Infidèle » est dénué de toute connotation morale – comme tromper son partenaire sexuel ; cela signifie plutôt une absence de foi en Allah, le Dieu unique, et en son Prophète.

Oussama a persuadé quatre mille Saoudiens d'aller en Afghanistan pour y suivre un entraînement militaire dispensé par son groupe. En 1991, il est parti au Soudan. En 1994, quand les Saoudiens lui ont retiré sa nationalité, il était déjà une figure légendaire dans le monde islamique et, comme le Coriolan de Shakespeare, il pouvait dire à la famille royale saoudienne : « Je vous bannis. Il existe un monde ailleurs. » Malheureusement, ce monde est le nôtre.

Dans une « déclaration de guerre » de douze pages, Oussama se présentait comme le libérateur potentiel du monde musulman face au grand Satan de la corruption moderne, les États-Unis.

Quand Clinton a envoyé un missile sur une usine d'aspirine soudanaise, Oussama a fait sauter deux de nos ambassades en Afrique, troué le flanc d'un navire de guerre américain au large du Yémen, et ainsi de suite jusqu'aux événements du mardi 11 septembre. À présent, le président George W. Bush nous promet en représailles non seulement une « nouvelle guerre », mais encore une guerre secrète. C'est-à-dire pas secrète pour Oussama, mais pour nous qui la payons et la faisons. « Cette administration ne parlera pas des plans qu'elle a ou n'a pas », déclare Bush. « Nous trouverons ces criminels... et nous leur demanderons des comptes », ainsi qu'aux autres démons qui ont donné asile à Oussama, afin de leur enseigner l'unique leçon que nous-mêmes n'ayons jamais été capables d'apprendre : en histoire, comme en physique, il n'y a pas d'action sans réaction. Ou, comme le dit Edward S. Herman : « L'un des traits les plus permanents de la culture américaine est l'impuissance ou le refus de reconnaître ses crimes. »

Quand Oussama avait quatre ans, je me suis rendu au Caire pour m'entretenir avec Nasser, conversation qui devait paraître dans *Look Magazine*. J'ai été reçu par Mohammed Hekal, le premier conseiller de Nasser. Nasser lui-même n'était pas visible. Il était à la Barricade, sa retraite sur le Nil. Plus tard, j'ai appris qu'un complot en vue de l'assassiner venait d'échouer et qu'il s'était isolé sous bonne garde. Hekal parlait un anglais parfait ; il était sardonique, cynique. « Nous étudions le Coran pour trouver des allusions au contrôle des naissances. » Puis il a soupiré.

« Ce n'est pas d'une grande utilité ?

– Pas très. Mais nous continuons à chercher un texte. » Nous avons discuté à plusieurs reprises tout au long de la semaine. Nasser voulait moderniser l'Égypte. Mais il y avait un élément réactionnaire, religieux... Nouveau soupir. Puis une surprise. « Nous avons découvert une chose très étrange : les jeunes des villages – ceux qui sont intelligents et que nous formons comme ingénieurs, chimistes, etc. – deviennent religieux et se retournent contre nous.

– À droite ?

– Tout à fait. » Hekal était un fils spirituel du siècle des Lumières. J'ai pensé à Hekal ce Mardi noir quand un représentant de la génération des Arabes qu'il voulait moderniser a frappé, au nom de l'Islam, ce qui avait été, pour Nasser, quarante ans plus tôt, le modèle d'un État moderne. Pourtant, d'après tous les témoignages, Oussama ne semblait pas être davantage qu'un musulman pratiquant, contrairement aux fanatiques. Ironie du sort, il a fait des études d'ingénieur. Naturellement, il n'aime pas les États-Unis en tant que symbole et réalité. Cependant, quand nos clients, les membres de la famille royale saoudienne, ont permis aux troupes américaines d'occuper la terre sainte du Prophète, Oussama a appelé l'ennemi fondamental « l'Alliance des Croisés et des Sionistes ». Ainsi, en une seule expression, il s'est défini et a rappelé à ses critiques qu'il était un musulman wahhabite, un activiste puritain, pas très différent de nos propres bouffons, Falwell et Robertson[1], sauf que lui était sérieux. Il allait faire la guerre aux États-Unis, « la tête du serpent ». Encore plus ambitieux, il allait débar-

1. Prédicateurs de télévision appartenant à l'extrême droite républicaine *(N.d.T.)*.

rasser tous les États musulmans de leurs régimes soutenus par l'Occident, en commençant par celui de son pays d'origine. Le terme de « Croisé » était révélateur. Aux yeux de nombreux musulmans, l'Occident chrétien, actuellement allié au sionisme, essayait depuis mille ans de dominer les terres de l'Ummah[1] – les vrais croyants. C'est la raison pour laquelle Oussama est considéré par beaucoup de gens simples comme le véritable héritier de Saladin, le grand roi guerrier qui a réussi à battre Richard d'Angleterre et les croisés occidentaux.

Qui était Saladin ? Il a vécu de 1138 à 1193. C'était un Kurde d'Arménie. Un siècle avant sa naissance, les chrétiens d'Occident avaient établi un royaume à Jérusalem, à la grande horreur des croyants de l'Islam. De même que les États-Unis se sont servis de la guerre du Golfe comme prétexte pour occuper l'Arabie saoudite, Saladin a levé des armées pour chasser les croisés. Il a conquis l'Égypte, annexé la Syrie et, finalement, détruit le royaume de Jérusalem au cours d'une guerre de religions qui a opposé les musulmans aux chrétiens. Il a unifié et « purifié » le monde musulman ; bien que Richard Cœur de Lion fût meilleur général, il a fini par abandonner et rentrer chez lui. Comme l'exprime un historien, Saladin « symbolise le sacrifice total du musulman à une cause sacrée ». Toutefois, il n'a laissé

1. Terme désignant l'ensemble de la communauté musulmane *(N.d.T.)*.

derrière lui ni gouvernement ni système politique, car, comme il le dit lui-même : « Mes troupes ne feront rien sauf si je chevauche à leur tête... » Son esprit est aujourd'hui revenu avec une idée de vengeance.

L'administration Bush, bien que d'une incompétence inquiétante dans tous les domaines, sauf dans sa tâche principale qui consiste à exempter d'impôt les riches, a négligemment bafoué la plupart des traités signés par les nations civilisées, comme les accords de Kyoto ou le traité concernant les missiles nucléaires conclu avec la Russie. Tout en continuant à piller sans relâche le Trésor et maintenant, grâce à Oussama, la Sécurité sociale (fonds de garantie considéré comme intouchable), qui, comme l'argent de Lucky Strike, est désormais consacré à la guerre, les « Bushites » ont également permis au FBI et à la CIA de se déchaîner – ou de ne pas bouger d'un pouce, en nous laissant, le premier et, à la demande du public, le dernier empire mondial « indispensable », un peu comme le magicien d'Oz réalisant ses curieux tours de prestidigitation tout en espérant ne pas être découvert. Dernière déclaration de Bush au monde : « Ou bien vous êtes avec nous, ou bien vous êtes avec les terroristes. » On appelle ça chercher des ennuis.

Pour être juste, on ne peut rendre l'occupant actuel du Bureau ovale entièrement responsable de notre incohérence. Même si ses prédécesseurs avaient dans l'ensemble un QI supérieur au sien, ils se sont également mis assidûment au service du un pour cent qui possède le pays, tout en laissant le reste de la population partir à la dérive. Particulièrement coupable a été Bill Clinton. Bien que le plus compétent des chefs de l'exécutif depuis F. D. Roosevelt, Clinton, dans sa quête frénétique de victoires électorales, a mis en place la détente d'un État policier sur laquelle son successeur appuie joyeusement.

Un État policier ? De quoi s'agit-il ? En avril 1996, un an après l'attentat d'Oklahoma City, le président Clinton a signé l'*Anti-Terrorist and Effective Death Penalty Act*, loi dite de concertation dans laquelle ont trempé beaucoup de mains douteuses, dont celles de Dole, co-auteur de la loi et chef de la majorité au Sénat. Si Clinton, pour gagner les élections, a commis de nombreux actes imprudents et opportunistes, il a rarement, voire jamais, à l'instar de Charles II, prononcé de paroles imprudentes. Mais devant l'opposition à la législation antiterroriste – qui donne non seulement au procureur général le pouvoir de recourir aux forces armées contre la population civile, neutralisant habilement le *Posse Comitatus Act* de 1878, mais suspend aussi de manière sélective l'*habeas corpus* qui est au cœur de la liberté anglo-américaine –, Clinton a traité ses détracteurs de « mauvais patriotes ». Puis, se drapant de la bannière étoilée, il a parlé de son trône : « Il n'y a rien de patriotique à prétendre qu'on peut aimer son pays tout en méprisant son gouvernement. » C'est stupéfiant, car cela concerne la plupart d'entre nous, un jour ou l'autre. D'une certaine façon, un Allemand qui disait en 1939 qu'il détestait la dictature nazie n'était-il pas patriote ?

Des signes inquiétants ont montré, depuis les années 1970, que nos fragiles libertés étaient en grand danger : le FBI en chemise blanche et cravate, qui était un corps de « généralistes », experts en droit et en économie, s'est transformé en *Special Weapons and Tactics* (« Armes et tactiques spéciales », ou SWAT), spécialisé dans les affrontements, armée de soldats de style Béret vert qui aime se déguiser en tenue de camouflage ou en tenue noire de ninja et, selon la mission, porter des lunettes noires. Au début des années 1980, une équipe super-SWAT du FBI, la *Hostage 270 Rescue Team*, a été créée. Comme il arrive très souvent dans le discours des États-Unis, ce groupe ne s'est pas spécialisé dans la libération d'otages ni dans le sauvetage de vies humaines mais dans des attaques meurtrières contre des groupes qui le dérangeaient, comme les davidiens – des chrétiens évangéliques qui vivaient paisiblement dans leur enceinte de Waco, au Texas, jusqu'à ce qu'une équipe SWAT du FBI, utilisant illégalement des blindés de l'armée, tue quatre-vingt-deux de leurs membres, dont vingt-cinq enfants. C'était en 1993.

Depuis le Mardi noir, les équipes du SWAT peuvent être utilisées dans la chasse aux Arabo-Américains suspects ou, en fait, à toute personne éventuellement coupable de terrorisme, terme sans définition juridique (comment peut-on combattre le terrorisme en suspendant l'*habeas cor-*

pus puisque ceux qui veulent qu'on libère leur « corpus » de prison sont déjà enfermés ?). Pourtant, après le traumatisme d'Oklahoma City, Clinton a déclaré que ceux qui ne soutenaient pas sa législation draconienne étaient eux aussi des conspirateurs terroristes qui voulaient transformer « l'Amérique en asile pour les terroristes ». Si le calme Clinton pouvait ainsi écumer de rage, à quoi peut-on s'attendre de la part d'un Bush surchauffé après le 11 septembre ?

À ce propos, ceux qui ont été choqués par le cri de Bush junior proclamant que nous sommes désormais « en guerre » contre Oussama et les parties du monde musulman qui le soutiennent devraient rapidement se mettre à cogiter tous ensemble. Puisqu'une nation ne peut être en guerre que contre un autre État-nation, pourquoi notre Bush fumant, à défaut d'être brûlant, a-t-il fait une telle sortie ? Réfléchissez bien. Cela comptera pour votre examen final. Vous donnez votre langue au chat ? Eh bien, la plupart des compagnies d'assurances ont un avenant spécifiant qu'elles n'ont pas à payer les dommages causés par « un acte de guerre ». Même si les hommes et les femmes de l'entourage de Bush ne connaissent rien à la guerre, et encore moins à la Constitution, ils comprennent ce qu'est la collecte de fonds électoraux. En échange de cette clause excluant la guerre, la Hartford Life va bientôt casser sa tirelire pour financer les républicains durant les années à venir. C'est cependant le mesquin *Washington Post* qui a souligné que, selon la loi américaine, *seule* une nation souveraine, et non pas une poignée d'extrémistes, pouvait commettre un « acte de guerre ». Cela valait la peine d'essayer, cher *Washington Post*. Cela veut donc dire que nous, les citoyens, avec l'argent de nos impôts, nous aurons le droit de sortir du pétrin les compagnies d'assurances, privilège rare qui n'a pas été accordé à toutes les générations.

Même si les Américains n'ont pas de moyen direct d'influencer leur gouvernement, leurs « opinions » sont de temps en temps recueillies par le biais des sondages. D'après un sondage de *CNN-Time* de novembre 1995, cinquante-cinq pour cent des gens pensent que « le gouvernement fédéral est devenu tellement puissant qu'il constitue une menace pour les droits des citoyens ordinaires ». Trois jours après le Mardi noir, soixante-quatorze pour cent ont déclaré qu'ils pensaient « nécessaire que les Américains renoncent à une partie de leurs libertés personnelles ». Quatre-vingt-six pour cent étaient d'accord pour qu'il y ait des gardiens et des détecteurs de métaux dans les bâtiments publics et durant les grandes manifestations. Ainsi, tandis que l'État policier se met confortablement en place, on imagine Cheney et Rumsfield en train d'étudier ces chiffres, transportés de joie.

« C'est ce qu'ils ont toujours voulu, Dick.

– Et dire que nous ne le savions pas, Don.

– Grâce aux libéraux, Dick.

– Maintenant, on va les avoir, ces salauds, Don. »

Nos médias amnésiques semblent avoir oublié

que nous avons un jour soutenu énergiquement Saddam Hussein dans la guerre de l'Irak contre l'Iran ; ce dernier a donc pensé, non sans raison, que nous n'aurions rien à redire contre le fait qu'il s'empare des sites pétroliers du Koweït. Du jour au lendemain, notre « employé » est devenu Satan, et il l'est toujours, puisque nous brimons son peuple dans l'espoir qu'il se soulève et le renverse – de la même manière que les Cubains étaient censés, minés par la pauvreté que leur imposait le blocus des États-Unis, destituer Castro il y a un demi-siècle, Castro dont le seul crime était le refus de permettre aux frères Kennedy de l'assassiner lors de leur Opération Mangouste. Notre mépris impérialiste des « races inférieures » n'est pas passé inaperçu de la dernière génération instruite des Saoudiens et en particulier de leur leader en pleine ascension, Oussama Ben Laden, dont l'heure est venue en 2001, lorsqu'un président américain faible est entré en fonctions dans des circonstances discutables.

Le *New York Times* est le principal représentant de l'opinion propre à l'Amérique du monde des affaires. En général, le journal a de la tenue, ou du moins il s'y essaie. Cependant, le 13 septembre, les éditoriaux du *NYT* étaient tous un peu à côté de la plaque.

Sous le titre « Exigences de leadership », le *NYT* était quelque peu optimiste. Ça va marcher si vous travaillez beaucoup et si vous ne quittez pas le ballon des yeux, Monsieur le président. Apparemment, Bush « doit faire face à de multiples défis, mais sa tâche primordiale est une simple question de leadership ». Seigneur Dieu. Non seulement c'est *tout* ce qu'il faut, mais en plus c'est *simple !* Pour un temps... Le *NYT* passe ensuite à ce que les choses ont l'air d'être, par opposition à ce qu'elles devraient être. « L'Administration a passé presque toute la journée d'hier à essayer de surmonter l'impression que M. Bush faisait preuve de faiblesse en ne rentrant pas à Washington après les attaques terroristes. » D'après ce que je sais, tout le monde s'en fichait et nous étions quelques-uns à nous sentir un peu plus en sécurité du fait que notre gros bêta national était coincé dans son bunker du Nebraska. Le *NYT* explique patiemment les choses pour Bush, et pour nous aussi. « Dans les jours à venir, il se peut que M. Bush demande à la nation de soutenir des actions militaires que beaucoup de citoyens, notamment ceux qui ont des parents dans l'armée, trouveront alarmantes. Il doit montrer qu'il sait ce qu'il fait. » Dans le mille ! Si seulement F. D. Roosevelt avait reçu des lettres dans ce genre d'Arthur Krock, de l'ancien *NYT !*

Enfin, Anthony Lewis croit sage de renoncer à la politique unilatérale de Bush en faveur d'une coopération avec d'autres nations, afin de contenir les ténèbres du Mardi noir en *comprenant ses origines*, tout en cessant de provoquer les cultures qui s'opposent à nous et à nos projets. Chose inhabituelle pour un journaliste du *New York Times*, Lewis est en faveur de la paix. Moi aussi. Mais nous sommes vieux, nous avons fait la guerre et nous tenons à nos libertés en voie de disparition, à la différence des chauvins qui font résonner leurs tam-tams dans Times'Square et se déclarent en faveur d'une guerre totale que d'autres Américains feront.

Comme toujours, le journaliste politique qui a le mieux compris tout cela est William Pfaff, de l'*International Herald Tribune* (17 septembre 2001). À la différence des adorateurs de la guerre si provinciaux du *New York Times*, il est consterné par le spectacle d'un président américain qui a décliné l'invitation de servir son pays au Vietnam et qui hurle aujourd'hui à la guerre, non pas contre une nation ni même une religion, mais contre un seul homme et ses complices, catégorie qui risque de s'élargir indéfiniment.

Pfaff : « La riposte d'une nation civilisée – une nation qui croit au bien, à la société et qui s'oppose au mal – doit être parfaitement ciblée et, plus encore, intelligente.

« Les missiles sont des armes brutales. Les terroristes sont suffisamment malins pour faire supporter à d'autres le prix de ce qu'ils ont fait et pour en exploiter les résultats.

« Une réponse furieuse des États-Unis, faisant d'autres victimes, c'est ce qu'ils veulent : cela ne fera qu'alimenter la haine qui enflamme déjà leur bonne conscience à l'égard de leurs actes criminels contre des innocents.

« Les États-Unis ont besoin de reconsidérer froidement comment les choses en sont arrivées là. Plus encore, il faut prévoir les désastres qui peuvent se produire dans l'avenir. »

La guerre est l'option « pas de vainqueurs, seulement des vaincus ». Le moment est venu d'utiliser les services du bon Kofi Annan. Si une vengeance totale peut paraître glorieuse à nos adorateurs de la guerre, une trêve entre Saladin et les croisés-sionistes est dans l'intérêt de l'humanité. Bien avant que les redoutables monothéistes tordent le cou de l'histoire, le dieu Apollon lui-même nous avait appris comment traiter les querelles dans la tragédie d'Eschyle, *Les Euménides* (un terme grec poli pour désigner les Furies qui nous tiennent compagnie tous les jours sur CNN). Oreste, en raison de son matricide, ne peut se débarrasser des Furies qui le poursuivent partout où il va. Il fait appel au dieu Apollon qui lui conseille de se rendre à l'ONU – connue à Athènes sous le nom d'assemblée des citoyens. Il obéit et il se fait acquitter pour la raison suivante : il faut mettre fin aux querelles de sang, sinon elles couveront éternellement, de génération en génération et de grandes tours s'embraseront et nous brûleront tous. « Que jamais la poussière, abreuvée du sang noir des citoyens, n'exige en sa colère ces représailles qui causeraient la ruine de la ville ! Qu'ils échangent des joies dans un mutuel sentiment d'amitié et qu'ils haïssent d'un même cœur ! C'est chez les mortels un remède à beaucoup de maux »[1]. Il faut qu'Annan agisse en médiateur entre l'Orient et l'Occident avant qu'il ne reste plus rien à sauver pour personne, ni d'un côté ni de l'autre.

Les terribles dommages infligés par Oussama et compagnie le Mardi noir ne sont rien comparés au coup de grâce porté à nos libertés sur le

1. Trad. E. Chambry, Garnier-Flammarion *(N.d.T.)*.

point de disparaître – l'*Anti-Terrorism Act* de 1991 et la récente requête au Congrès afin d'obtenir des pouvoirs spéciaux supplémentaires : écoutes téléphoniques sans mandat judiciaire, expulsion de résidents légitimes et permanents, de visiteurs et d'immigrants sans papiers, sans respect de la procédure judiciaire, etc. Même le *Washington Post*, ce journal fidèle au monde des affaires, est inquiet : « Le ministère de la Justice fait un usage extraordinaire de ses pouvoirs pour arrêter et incarcérer des individus ; il prend des mesures inhabituelles en mettant en prison des centaines de personnes pour des infractions... mineures. Les avocats et les juristes... déclarent ne pas se rappeler une époque où tant de gens ont été arrêtés et détenus sans mandat pour des accusations – notamment des accusations mineures – sans rapport avec l'affaire considérée. »

C'était avant Oussama : « Les restrictions des libertés individuelles, du droit d'exprimer librement son opinion, y compris la liberté de la presse, du droit d'assemblée et d'association ; les violations de la confidentialité des communications postales, télégraphiques et téléphoniques et les mandats de perquisition dans les maisons, les ordres de confiscation ainsi que de restriction de la propriété, sont aussi autorisés au-delà des limites légales prescrites par ailleurs. » Le ton est familier. C'est celui du discours d'Hitler en 1933 appelant à une « loi d'habilitation » pour « la protection du peuple et de l'État » après l'incendie catastrophique du Reichstag provoqué en secret par les nazis.

Un seul membre du Congrès, Barbara Lee, de Californie, a voté contre l'élargissement des pouvoirs du président. En même temps, un sondage *N.Y. Times*-CBS fait apparaître que six pour cent seulement des personnes interrogées s'opposent à une action militaire, alors qu'une majorité substantielle est en faveur de la guerre, « même si des milliers de civils innocents sont tués ». La plus grande partie de cette majorité est bien trop jeune pour se souvenir de la Seconde Guerre mondiale, de la Corée et même du Vietnam. Simultanément, la cote de popularité de Bush est montée de cinquante à quatre-vingt-onze pour cent. Traditionnellement, en temps de guerre, la figure du président devient emblématique, comme le drapeau. Kennedy a obtenu sa plus forte cote de popularité après la débâcle de la baie des Cochons et il a fait observer, dans son style caractéristique : « Apparemment, plus on déconne dans ce boulot, plus on est populaire. » Bush, père et fils, peuvent encore parvenir au mont Rushmore [1], même s'il serait plus économique de reprendre le sosie de la belle Barbara Bush, George Washington, en ajoutant à son cou de pierre deux rangs de fausses perles, *in memoriam*, pour ainsi dire.

Finalement, les dommages que Oussama et ses amis peuvent nous causer – même s'ils ont déjà été terribles – ne sont rien comparés à ce qu'ils

1. Célèbre monument représentant, taillées dans une paroi rocheuse, les têtes des premiers présidents des États-Unis *(N.d.T.)*.

ont fait à nos libertés. Une fois aliéné, un droit inaliénable risque d'être perdu à tout jamais, auquel cas nous ne serons plus, même vaguement, le dernier et le meilleur espoir de la terre, mais simplement un médiocre État impérial dont les citoyens sont mis au pas par des équipes de SWAT et dont la façon de mourir, non de vivre, est imitée dans le monde entier.

Depuis le V. J. Day de 1945 (« Victoire sur le Japon » et fin de la Seconde Guerre mondiale), nous avons été engagés dans ce que le grand historien Charles A. Beard appelle une « guerre perpétuelle pour la paix perpétuelle ». J'ai parfois parlé de notre « club de l'ennemi du mois » : chaque mois, un nouvel ennemi horrible surgit et nous devons l'attaquer avant qu'il ne nous détruise. On m'a accusé d'exagération ; voici donc le tableau, en partant du Kosovo (1999) et en remontant jusqu'au pont aérien sur Berlin (1948-1949). Il faut noter que les compilateurs, la *Federation of American Scientists*, recense un certain nombre de nos conflits comme « en cours », même si nombre d'entre nous les ont oubliés. Dans la première colonne apparaissent de nombreux titres fantaisistes donnés par le ministère de la Défense, tels que *Urgent Fury* ; il s'agit de l'attaque de Reagan sur l'île de Grenade, farce qui a duré un mois et au sujet de laquelle le général Haig a déclaré avec un certain manque de loyauté qu'elle aurait pu être réglée plus rapidement par la police de Provincetown.

Opérations actuelles

Nom	Lieu	Dates	Forces U. S. impliquées
Joint Guardian	Kosovo	11/06/99- ?	
Allied Force/Noble Anvil Determined Force Cobalt Flash	Kosovo	23/03/99-10/06/99 08/10/98-23/03/99	
Shining Hope Sustain Hope/Allied Harbour Provide Refuge Open Arms	Kosovo	05/04/99-automne 99	
Eagle Eye	Kosovo	16/10/98-24/03/99	
Determined Falcon	Kosovo et Albanie	15/06/98-16/06/98	
Determined Effort Joint Endeavor Joint Guard Joint Forge	Bosnie-Herzégovine	07/95-12/95 12/95-12/96 12/96-20/06/98 20/06/98-aujourd'hui	6900
Deliberate Force	Serbes bosniaques	29/08/95-21/09/95	
Quick Lift	Croatie	03/07/95-11/08/95	
Nomad Vigil	Albanie	01/07/95-05/11/96	
Nomad Endeavor	Taszar, Hongrie	03/96-aujourd'hui	
Able Sentry	Serbie Macédoine	05/07/94-aujourd'hui	
Deny Flight Decisive Endeavor/Decisive Edge Decisive Guard/Deliberate Guard Deliberate Forge	Bosnie-Herzégovine	12/04/93-20/12/95 01/96-12/96 12/96-20/06/98 20/06/98-aujourd'hui	2000
Sky Monitor	Bosnie-Herzégovine	16/10/92-aujourd'hui	
Maritime Monitor Maritime Guard Sharp Guard Decisive Enhancement Determine Guard	Mer Adriatique	16/07/92-22/11/92 22/11/92-15/06/93 15/06/93-12/95 12/95-19/06/96 12/96-aujourd'hui	11700
Provide Promise	Bosnie	03/07/92-03/96	1000
Sud-Ouest asiatique			
(attaque aérienne) (missiles Cruise) (missiles Cruise) Desert Strike Desert Thunder [Tempête du désert] Desert Fox [Renard du désert]	Irak	26/06/93-13/01/93 13/01/93-17/01/93 17/01/93-26/06/93 03/09/96-04/09/96 02/98-16/12/98 16/12/98-20/12/98	

Shining Presence	Israël	12/98-12/98	
Phoenix Scorpion IV Phoenix Scorpion III Phoenix Scorpion II Phoenix Scorpion I	Irak	12/98-12/98 11/98-11/98 02/98-02/98 11/97-11/97	
Desert Focus	Arabie saoudite	07/96-aujourd'hui	
Vigilant Warrior Vigilant Sentinel Intrinsic Action Desert Spring	Koweït	10/94-11/94 08/95-15/02/97 01/12/95-01/10/99 01/10/99-aujourd'hui	
Iris Gold	Sud-Ouest asiatique	93-aujourd'hui	
Pacific Haven/Quick Transit	Irak, Guam	15/09/96-16/12/96	
Provide Comfort Provide Comfort II Northern Watch	Kurdistan	05/04/91-12/94 24/07/91-31/12/96 31/12/96-aujourd'hui	42500 1100
Southern Watch	S-O asiatique, Irak	91-aujourd'hui	14000
Desert Falcon	Arabie saoudite	91-aujourd'hui	
Autres opérations			
Korea	Corée	En cours	
New Horizons	Amérique centrale	En cours	
Sierra Leone NEO	Sierra Leone	05/00	
MONUC (UN PKO)	Congo	02/00-en cours	
Resolute Response	Afrique	08/98-aujourd'hui	
Gatekeeper Hold-the-Line Safeguard	Californie Texas Arizona	95-aujourd'hui	
Golden Pheasant	Honduras	03/98-aujourd'hui	
Alliance	Frontière sud US	86-aujourd'hui	
Provide Hope I Provide Hope II Provide Hope III Provide Hope IV Provide Hope V	Ex-Union soviétique	10/02/92-26/02/92 15/04/92-29/07/92 1993 10/01/94-19/12/94 06/11/98-10/05/99	
Opérations antidrogue			
Coronet Nighthawk Coronet Oak	Amérique centrale et du Sud	91-aujourd'hui 10/77-17/02/99	
Selva Verde	Colombie	95-aujourd'hui	
Badge	Kentucky	90-aujourd'hui ?	
Ghost Dancer	Oregon	90-aujourd'hui ?	
Greensweep Grizzly	Californie	07/90-08/90 90-aujourd'hui ?	

Wipeout	Hawaï	90-aujourd'hui	
Ghost Zone	Bolivie	03/90-93	
Constant Vigil	Bolivie	199 ?	
Support Justice Steady State Green Clover Laser Strike	Amérique du Sud	91-94 94-04/96 199 ? 04/96-aujourd'hui	
Agate Path Enhanced Ops	CONUS	1989 ?-aujourd'hui	
	Opérations terminées		
Silent Promise	Mozambique, Afrique du Sud	02/04/2000	
Fundamental Response	Venezuela	20/12/99-début 2000	
Stabilize	Timor	11/09/99-11/99	
Avid Response	Turquie	18/08/99-09/99	
Strong Support (Fuerte Apoyo)	Amérique centrale	10/98-10/02/99	5700
Infinite Reach	Soudan, Afghanistan	20/08/98-20/08/98	
Shepherd Venture	Guinée-Bissau	10/06/98-17/06/98	130
(pas de nom)	Asmara, Érythrée	05/06/98-06/06/98	130
Noble Response	Kenya	21/01/98-25/03/98	
Bevel Edge	Cambodge	07/97-07/97	
Noble Obelisk	Sierra Leone	05/97-06/97	
Guardian Retrieval	Congo (ex-Zaïre)	03/97-06/97	
Silver Wake	Albanie	14/03/97-26/03/97	
Guardian Assistance Assurance/Phoenix Tusk	Zaïre, Rwanda, Ouganda	15/11/96-27/12/96	
Quick Response	Rép. Centrafricaine	05/96-08/96	
Assured Response	Liberia	04/96-08/96	
Zorro II	Mexique	12/95-02/05/96	
Third Taiwan Straits Crisis	Détroit de Taïwan	21/07/95-23/03/96	
Safe Border	Pérou, Équateur	95-30/06/99	
United Shield	Somalie	03/01/95-25/03/95	4000
Uphold/Restore Democracy	Haïti	19/09/94-31/03/95	21000
Quiet Resolve/Support Hope	Rwanda	22/07/94-30/09/94	2592
Safe Haven/Safe Passage	Cuba, Panamá	06/09/94-01/03/95	
Sea Signal/JTF-160	Haïti/Guatemala/ Cuba	18/05/94-02/96	
Distant Runner	Rwanda	09/04/94-15/04/94	
Korean Nuclear Crisis	Corée du Nord	10/02/93-06/94	

(pas de nom)	Liberia	22/10/92-25/10/92	
Provide Relief Restore Hope Continue Hope	Somalie	14/08/92-08/12/92 04/12/92-04/05/93 04/05/93-12/93	26000
Provide Transition	Angola	03/08/92-09/10/92	
Garden Plot	Los Angeles	05/92	4500
Silver Anvil	Sierra Leone	02/05/92-05/05/92	
GTMO Safe Harbor	Haïti, Guantánamo, Cuba	23/11/91 92	
Quick Lift	Zaïre	24/09/91-07/10/91	
Victor Squared	Haïti	09/91	
Fiery Vigil	Philippines	06/91	
Productive Effort/Sea Angel	Bangladesh	05/91-06/91	
Eastern Exit	Somalie	02/01/91-11/01/91	
Desert Shield Imminent Thunder Proven Force Desert Storm Desert Sword/Desert Sabre Desert Calm Desert Farewell	Asie du Sud-Ouest	02/08/90-17/01/91 11/90-11/90 17/01/91-28/02/91 17/01/91-28/02/91 24/02/91-28/02/91 01/03/91-01/01/92 01/01/92	550000
Steel Box/Golden Python	Johnston Island	26/07/90-18/11/90	
Sharp Edge	Liberia	05/90-08/01/91	
Zone de la guerre froide			
Classic Resolve	Philippines	11/89-12/89	
Hawkeye	Ste-Croix, Îles Vierges américaines	20/09/89-17/11/89	
Nimrod Dancer Just Cause Promote Liberty	Panamá	05/89-20/12/89 20/12/89-31/01/90 31/01/90	
Ernest Will Praying Mantis	Golfe Persique	24/07/87-02/08/90 17/04/88-19/04/88	
Blast Furnace	Bolivie	07/86-11/86	
El Dorado Canyon	Libye	12/04/86-17/04/86	
Attain Document	Libye	26/01/86-29/03/86	
Achille Lauro	Méditerranée	07/10/85-11/10/85	
Intense Look	Mer Rouge, golfe de Suez	07/84-07/84	
Urgent Fury	Grenade	23/10/83-21/11/83	
Arid Farmer	Tchad, Soudan	08/83-08/83	
Early Call	Égypte, Soudan	18/03/83-08/83	

US Multinational Force	Liban	25/08/82-01/12/87	
Bright Star	Égypte	06/10/81-11/81	
Gulf of Sidra	Libye, Méditerranée	18/08/81-18/08/81	
Rocky Mountain Transfer	Colorado	08/81-09/81	
Central America	Salvador, Nicaragua	01/01/81-01/02/92	
Creek Sentry	Pologne	12/80-81	
Setcon II	Colorado	05/80-06/80	
Eagle Claw/Desert One	Iran	25/04/80	
ROK Park Succession Crisis	Corée	26/10/79-28/06/80	
Elf One	Arabie saoudite	03/79-15/04/89	
Yémen	Iran/Yémen/océan Indien	06/12/78-06/01/79	
Red Bean	Zaïre	05/78-06/78	
Ogaden Crisis	Somalie/Éthiopie	02/78-23/03/78	
Setcon I	Colorado	78-78	
Paul Bunyan/Tree Incident	Corée	18/08/76-21/08/76	
Mayaguez Operation	Cambodge	15/05/75	
New Life	Vietnam	04/75	
Frequent Wind	Évacuation de Saigon	29/04/75-30/04/75	
Eagle Pull	Cambodge	11/04/75-13/04/75	
Nickel Grass	Moyen-Orient	06/10/73-17/11/73	
Garden Plot	États-Unis	30/04/72-04/05/72	
Red Hat	Johnston Island	01/71-09/71	
Ivory Coast/Kingpin	Son Tay, Vietnam	20/11/70-21/11/70	
Graphic Hand	États-Unis	70-70	
Red Fox (Pueblo Incident)	Corée	23/01/68-05/02/69	
Six Day War	Moyen-Orient	13/05/67-10/06/67	
Chase	Divers	67-70	
Powerpack	Rép. Dominicaine	28/04/65-21/09/66	
Red Dragon	Congo	23/11/64-27/11/64	
(pas de nom)	Installations nucléaires chinoises	15/10/63-10/64	
Cuban Missile Crisis	Cuba, monde entier	24/10/62-01/06/63	
Vietnam War Operation Ranch Hand Operation Rolling Thunder Operation Arc Light Operation Freedom Train Operation Pocket Money	Vietnam Vietnam Vietnam Sud-Est asiatique Nord-Vietnam Nord-Vietnam	15/03/62- 28/01/73 01/62-71 24/02/65-10/68 18/06/65-04/70 06/04/72-10/05/72 09/05/72-23/10/72	

Operation Linebacker I Operation Linebacker II Operation Endsweep Operation Ivory Coast/Kingpin Operation Tailwind	Nord-Vietnam Nord-Vietnam Nord-Vietnam Nord-Vietnam Laos	10/05/72-23/10/72 18/12/72-29/12/72 27/01/72-27/07/73 21/11/70-21/11/70 70-70	
Berlin	Berlin	14/08/61-01/06/63	
Laos	Laos	19/04/61-07/10/62	
Congo	Congo	14/07/60-01/09/62	
Taiwan Straits	Détroit de Taïwan, îles Quemoy et Matsue	23/08/58-01/01/59 23/08/58-01/06/63	
Blue Bat	Liban	15/07/58-20/10/58	
Suez Crisis	Égypte	26/07/56-15/11/56	
Taiwan Straits	Détroit de Taïwan	11/08/54-01/05/55	
Korean War	Corée	27/06/50-27/07/53	
Berlin Airlift	Berlin	26/06/48-30/09/49	

Dans ces centaines de guerres contre le communisme, le terrorisme, la drogue, ou parfois pas grand-chose, entre Pearl Harbor et le mardi 11 septembre 2001, nous avons toujours porté le premier coup.

Octobre 2001

Le sens du geste de Timothy McVeigh

On a présenté aux Américains le procès et l'exécution de Timothy McVeigh comme une histoire simple et incontestable : il était coupable, il représentait le mal et il avait en grande partie agi seul. L'essai de Gore Vidal, paru dans *Vanity Fair* en 1998, sur l'érosion de la Déclaration des droits des États-Unis a marqué le début d'une correspondance de trois ans entre McVeigh et Vidal, suscitant l'examen de certaines preuves qui évoquent des vérités plus sombres – un complot délibérément ignoré par les enquêteurs du FBI et une tentative possible pour étouffer l'affaire de la part d'un gouvernement menant une guerre secrète contre la liberté de ses citoyens.

Vers la fin de l'avant-dernier siècle, Richard Wagner se rendit à Ravello, ville du sud de l'Italie ; on lui fit visiter les jardins de la villa Rufolo, vieille de mille ans. « Maestro, demanda le chef des jardiniers, ces fantastiques jardins sous le lointain ciel d'azur qui se confond en une harmonie parfaite avec la lointaine mer d'azur ne ressemblent-ils pas beaucoup aux jardins légendaires de Klingsor où vous avez situé la plus grande partie de votre dernier opéra interminable, *Parsifal ?* Cette vision de beauté n'est-elle pas votre inspiratrice pour Klingsor ? » Wagner marmonna quelque chose en allemand. « Il dit, expliqua un traducteur situé tout près, “et alors ?” »

Et alors, en effet, me suis-je dit, en me dirigeant vers un coin des jardins légendaires où *Good Morning America* de ABC-TV et *Early Show* de CBS avaient installé leurs caméras pour que j'apparaisse en direct devant les spectateurs de mon pays, le pays de Dieu.

C'était en mai dernier. Une semaine plus tard, le « terroriste d'Oklahoma City », un héros décoré de la guerre du Golfe, membre des Nature's Eagle Scouts, Timothy McVeigh, devait être exécuté par une injection mortelle à Terre Haute, dans l'Indiana, pour avoir été, comme il le soutenait lui-même, l'unique personne à avoir fabriqué et mis à feu la bombe qui souffla un bâtiment fédéral dans lequel périrent 168 hommes, femmes et enfants. Ce fut le plus grand massacre de citoyens américains commis par un citoyen américain depuis la décision du gouvernement fédéral, deux ans plus tôt, de prendre d'assaut l'enceinte d'une secte d'adventistes du septième jour près de Waco, au Texas. Les davidiens, comme se dénommaient eux-mêmes les membres de cette secte, étaient un groupe d'hommes, de femmes et d'enfants pacifiques qui vivaient et priaient ensemble dans l'attente de la fin du monde, qui commença pour eux le

28 février 1993. Le Federal Bureau of Alcohol, Tobacco and Firearms (ATF), dans l'exercice de son mandat de « réglementation » des armes à feu, avait refusé toutes les invitations du chef de la secte, David Koresh, à venir vérifier les armes pour lesquelles il possédait un permis. L'ATF a préféré s'amuser. Plus de cent agents de l'ATF, sans mandats en règle, ont attaqué l'enceinte de l'église pendant que, au-dessus de leurs têtes, au moins un hélicoptère de l'ATF tirait sur le toit du bâtiment principal. Six davidiens ont été tués ce jour-là. Quatre agents de l'ATF ont également été tués, sans doute par les coups de feu de leurs collègues.

Il y a eu un retrait, suivi d'un siège de cinquante et un jours pendant lequel on a diffusé de la musique à pleine puissance vingt-quatre heures sur vingt-quatre à l'extérieur de l'enceinte. Puis on a coupé l'électricité. On a refusé de fournir de la nourriture aux enfants. Pendant ce temps, on informait régulièrement la presse des méfaits de David Koresh. Apparemment, il fabriquait et vendait des amphétamines ; il était également – à quoi d'autre s'attendre dans cette époque perverse ? – non pas un homme de Dieu, mais un pédophile. Puis le nouveau procureur général, Janet Reno, a durci le ton. Le 19 avril, elle a donné l'ordre au FBI de terminer ce que l'ATF avait commencé. Au mépris du *Posse Comitatus Act* (rempart fondamental protégeant nos fragiles libertés, qui interdit l'usage de l'armée contre les civils), les blindés de la garde nationale du Texas et de la Joint Task Force Six de l'armée ont attaqué l'enceinte en répandant un gaz mortel pour les enfants et pas très sain pour les adultes, tout en défonçant les murs du bâtiment. Quelques davidiens ont réussi à s'enfuir. D'autres ont été abattus par les tireurs embusqués du FBI. Lors d'une enquête, six ans plus tard, le FBI a nié avoir mis à feu autre chose que des bombes lacrymogènes. Enfin, au cours d'un assaut qui a duré six heures, le bâtiment a été incendié, puis rasé par les véhicules blindés Bradley. Dieu a veillé à ce qu'aucun homme du FBI ne soit blessé, alors que plus de quatre-vingts membres de la secte ont été tués, dont vingt-sept enfants. Ce fut une grande victoire pour l'Oncle Sam, telle que la voulait le FBI qui avait donné à cet assaut le nom de code « Show Time ».

Il a fallu attendre le 14 mai 1995 pour que Janet Reno, dans l'émission *60 Minutes*, avoue avoir réfléchi depuis lors : « J'ai vu ce qui s'est passé et, sachant ce qui s'est passé, je ne le referais pas. » C'est clairement une expérience formatrice pour la fille d'une célèbre dresseuse d'alligators de Floride.

La démonstration de Waco, le 19 avril 1993, s'est révélée être le massacre le plus important d'Américains par leur propre gouvernement depuis 1890, date à laquelle un grand nombre d'indigènes d'Amérique ont été massacrés à Wounded Knee, dans le Dakota du Sud. Par conséquent, la première mise ne cesse d'augmenter.

Bien que McVeigh ait rapidement signalé qu'il avait agi en représailles contre ce qui s'était passé à Waco (il avait même choisi la date du deuxième anniversaire du massacre, le 19 avril, pour infliger son châtiment), la police secrète de notre gouvernement, de connivence avec ses complices dans les médias, a posé lourdement le poing sur le plateau de la balance. Il ne devait y avoir qu'une seule histoire : un homme d'une malfaisance innée et incroyable avait voulu détruire des vies innocentes sans autre raison que le plaisir immédiat de faire du mal. Dès le début, il a été décrété que McVeigh n'avait pas d'autre motif véritable d'agir comme il l'avait fait qu'une malveillance shakespearienne gratuite. Iago est de retour en ville, avec une bombe et non un mouchoir. Plus important, McVeigh et l'accusation étaient d'accord sur le fait qu'il n'avait pas de véritables complices.

J'étais assis sur une chaise inconfortable, devant une caméra. Les générateurs ronflaient au milieu des delphiniums. *Good Morning America* a commencé. On m'avait dit que Diane Sawyer m'interrogerait depuis New York, mais ABC avait un « expert » sur McVeigh, un certain Charles Gibson, et il devait faire les présentations. L'interview devait durer environ quatre minutes. Oui, ce devait être une interview approfondie. Cela veut dire qu'une question sur deux seulement commence par : « Maintenant, dites-nous en un mot... » J'expliquai, respectueusement et en un mot, pourquoi McVeigh, que je n'avais jamais rencontré, m'avait invité à être l'un des cinq témoins qu'il avait choisis pour assister à son exécution.

En un mot, tout a commencé avec le numéro de novembre 1998 de *Vanity Fair*. J'avais écrit un article sur la « mise en pièces de la Déclaration des droits ». Je citais des exemples de saisies de biens par le fisc sans procédure légale, de raids sans mandat et d'homicides commis sur des personnes innocentes par divers groupes de lutte antidrogue, de la collusion entre le gouvernement et l'industrie agricole dans des tentatives réussies pour chasser les petits fermiers de leurs terres, et ainsi de suite. (Pour ceux qui souhaitent plus de preuves sur la crise de folie meurtrière de notre gouvernement, voir page 397 de mon livre *The Last Empire*.) Puis, en point d'orgue, je parlais des assassinats illégaux mais impunis de Ruby Ridge, dans l'Idaho (une mère, son enfant et son chien avaient été tués de sang-froid par le FBI) ; et l'année suivante, Waco. Les médias n'avaient pas montré beaucoup d'indignation dans les deux cas. Apparemment, les mots-clefs n'avaient pas été prononcés. Les mots-clefs ? Vous souvenez-vous de *Un crime dans la tête*, le splendide film de 1962 de George Axelrod où le protagoniste, après avoir subi un lavage de cerveau (par les Nord-Coréens), ne peut se mettre à tuer que quand la belle dame du club de jardinage, jouée par Angela Lansbury, dit : « Pourquoi ne passez-vous pas le temps en faisant un petit solitaire ? »

Puisqu'on nous a dit pendant des semaines que le guide des davidiens, David Koresh, n'était pas seulement un trafiquant de drogue, mais aussi un pervers sexuel ayant abusé des vingt-sept enfants vivant dans l'enceinte, Mme Reno, avant tout maternelle, a décrété : Mieux vaut qu'ils meurent tous plutôt que d'être souillés. D'où l'attaque. Plus tard, onze membres de l'Église des davidiens ont été jugés pour « complot d'assassinat » contre les agents fédéraux qui les avaient attaqués. Le jury les a tous reconnus innocents de cette accusation. Mais, après avoir affirmé que les prévenus étaient coupables de tentative de meurtre – l'accusation même dont ils venaient d'être acquittés –, le juge a condamné huit membres innocents de l'Église à des peines allant jusqu'à quarante ans pour des faits moins graves. Un juré s'est écrié, dégoûté : « Ceux qui étaient sur le banc des accusés n'étaient pas les bons. » Show Time !

Personnellement, j'ai été suffisamment indigné pour décrire en détail ce qui s'était réellement passé. Pendant ce temps, les joueurs de 1998 étaient occupés à battre les cartes et à les distribuer. Puisque McVeigh avait été présenté comme le mal personnifié, personne ne s'intéressait au pourquoi de son acte. Il faut dire que « pourquoi » est une question que les médias ont l'habitude d'éluder. Trop dangereux. On risquerait d'apprendre vraiment pourquoi quelque chose s'est produit et de se mettre à réfléchir. J'ai écrit dans ces pages :

> Pour Timothy McVeigh, [Waco et Ruby Ridge] sont devenus le symbole de l'oppression et de l'assassinat [fédéraux]. Souffrant d'un sens de la justice exacerbé, trait de caractère peu répandu en Amérique, il est parti en guerre tout seul et a fini par massacrer plus d'inno-

cents que les fédéraux à Waco. Savait-il ce qu'il faisait quand il a fait sauter l'Alfred P. Murrah Federal Building à Oklahoma City parce qu'il abritait les [fédéraux] détestés ? McVeigh a gardé le silence tout au long de son procès. Enfin, au moment où il allait être condamné, la cour lui a demandé s'il voulait parler. Il s'est levé et il a dit : « Je voudrais citer les mots de désaccord du juge Brandeis dans *Olmstead*. Il a écrit : "Notre gouvernement est notre maître puissant et omniprésent. Pour le bien et pour le mal, il éduque tout le peuple par son exemple." » Après quoi, McVeigh a été condamné à mort par le gouvernement.

Ceux qui étaient présents ont été très troublés par la citation de McVeigh. Comment le diable pouvait-il citer si candidement un juge ? Je le soupçonne de l'avoir fait dans l'esprit de Iago répondant à Othello qui lui demandait pourquoi il avait agi ainsi : « Ne me demande rien, tu sais ce que tu sais, à partir de maintenant je ne dirai plus un mot. » Maintenant nous savons, nous aussi ; ou, comme disait mon grand-père, là-bas dans l'Oklahoma : « Chaque crêpe a deux côtés. »

Quand McVeigh, attendant le procès en appel dans une prison du Colorado, a lu ce que j'avais écrit, il m'a envoyé une lettre et...

Mais je vous ai laissés en plan dans le jardin de Klingsor à Ravello, où, en direct à la télévision, j'ai prononcé le mot imprononçable « pourquoi », suivi du mot-clef « Waco », véritable bombe. Charles Gibson, à 5 500 kilomètres, s'est mis à hyperventiler. Il m'a interrompu : « Euh, un instant... » Mais j'ai continué à parler. Soudain, je l'ai entendu dire : « Nous avons des problèmes de son. » Il a débranché le fil qui me reliait à ABC. À côté de moi, l'ingénieur du son a secoué la tête. « Le son fonctionnait parfaitement. Il vous a coupé. » Ainsi, en plus de la mise en pièces par le gouvernement des amendements 4, 5, 6, 8 et 14, M. Gibson a coupé l'exclusivité sacrée des journalistes.

Pourquoi ? Comme tant de ses collègues interchangeables de la télévision, il était là pour dire aux spectateurs que l'ancien sénateur John Danforth venait de terminer une enquête de quatorze mois qui lavait le FBI de toute bavure à Waco. Danforth avait cependant admis qu'« obtenir du FBI tous ces documents, c'était comme lui arracher une dent ».

En mars 1993, McVeigh a pris la route en Arizona jusqu'à Waco, au Texas, pour être le témoin direct du siège des agents fédéraux. Ainsi que d'autres manifestants, il a été dûment photographié par le FBI. Pendant le siège, les membres de la secte ont été assourdis vingt-quatre heures sur vingt-quatre par des bandes de musique enregistrée à plein volume (Nancy Sinatra : « *These boots are made for walkin' / And that's just what they'll do, / One of these days these boots are gonna walk all over you* ») ainsi que par les cris enregistrés de lapins à l'agonie, non sans rapport avec la guerre non déclarée contre le Panamá de George Bush père ; ce pays, après plusieurs concerts du même genre devant l'ambassade du Vatican, a livré le grand trafiquant de drogue (et ex-agent de la CIA) Noriega qui y avait trouvé refuge. Comme les chaînes de télévision, quand notre gouvernement tient un beau coup, il ne cesse de le répéter. Oswald ? Complot ? Rires dans le studio.

Les téléspectateurs ont sans doute remarqué, si souvent qu'ils n'en ont plus conscience, la façon dont les interchangeables présentateurs de télévision traitent quiconque tente d'expliquer le pourquoi des choses. « Voulez-vous dire qu'il y a eu complot ? » Un éclair brille dans les lentilles de contact. Quelle que soit la réponse, un frétillement passe dans le corps, suivi d'un petit grognement et d'un coup d'œil chargé de sens à la caméra pour montrer que l'invité vient d'arriver au studio en soucoupe volante. C'est ainsi que le public ne comprend jamais ce que trament les véritables conspirateurs – que ce soit au FBI, à la Cour suprême ou qu'ils travaillent durement pour l'industrie du tabac. C'est aussi un moyen efficace de cacher les informations au public. C'est malheureusement la fonction des médias dans leur ensemble.

En fait, à un moment donné, l'ancien sénateur Danforth a menacé le directeur récalcitrant du FBI, Louis Freeh, d'un mandat de perquisition. Dommage qu'il ne l'ait pas obtenu. Il aurait pu, en même temps, en apprendre un peu plus sur l'appartenance de Freeh à l'Opus Dei (qui veut dire « l'œuvre de Dieu »), organisation secrète catholique et internationale qui fait tout pour placer ses membres dans les hautes sphères de la politique, de l'économie et de la religion (peut-être même au ciel) dans différents pays et à des fins diverses. Récemment, les projecteurs des médias se sont braqués avec réticence sur l'organisation : on a découvert que Robert Hanssen, un agent du FBI, avait non seulement été un espion russe pendant vingt-deux ans, mais encore que lui et son directeur, Louis Freeh, comme le rapporte leur compagnon de voyage William Rusher (*The Washington Post*, 15 mars 2001), « étaient non seulement membres de la même église catholique en Virginie mais... appartenaient aussi au chapitre local de l'Opus Dei ». M. Rusher, qui travaillait autrefois pour l'insouciante *National Review*, a trouvé le fait « piquant ». L'Opus Dei a été créée en 1928 par José Maria Escrivá. Dans les premières années, son parrain laïc était le dictateur espagnol Francisco Franco. L'un de ses derniers paladins était le président corrompu du Pérou, Alberto Fujimori, toujours *in absentia*. Bien que l'Opus Dei ait des tendances fascisantes, le pape actuel a béatifié Escrivá, sans tenir compte de l'avertissement du théologien espagnol Juan Martin Velasco : « On ne peut pas ériger en modèle de la vie chrétienne quelqu'un qui a servi le pouvoir de l'État (le fasciste Franco) et qui a utilisé ce pouvoir pour créer son Opus qu'il a dirigé selon des critères obscurs – telle une mafia drapée de blanc –, en n'acceptant pas le magistère du pape quand il ne coïncidait pas avec sa façon de penser. »

Un jour, on a demandé au mystérieux Freeh si oui ou non il était membre de l'Opus Dei. Il n'a rien voulu dire, obligeant un agent spécial du FBI à répondre à sa place. L'agent spécial John E.

Collingwood a déclaré : « Bien que je ne puisse répondre à vos questions précises, je remarque que vous avez été “informés” de manière erronée. »

Il est très inquiétant qu'aux États-Unis, pays laïc dont la Constitution est fondée sur la séparation constante de l'Église et de l'État, une organisation religieuse absolutiste ait non seulement placé un de ses membres à la tête de notre police secrète (et en grande partie incontrôlée), mais qu'elle puisse aussi compter sur les bons offices d'au moins deux membres de la Cour suprême.

Dans *Newsweek* du 9 mars 2001 :

> [Le juge Antonin] Scalia est considéré comme le symbole des catholiques conservateurs... Bien qu'il ne soit pas membre de l'Opus Dei, sa femme Maureen a rempli des fonctions spirituelles à l'Opus Dei... [tandis que leur fils], le père Paul Scalia, a aidé Clarence Thomas à se convertir au catholicisme il y a quatre ans. Le mois dernier, Thomas a fait un discours enflammé à l'American Enterprise Institute, un groupe d'experts conservateurs, devant un public composé de fonctionnaires de l'administration Bush. Dans son discours, Thomas a fait l'éloge du pape Jean-Paul II pour ses prises de position impopulaires.

Et dire que Thomas Jefferson et John Adams se sont opposés à la présence de l'ordre des Jésuites, relativement modéré, dans notre pays de droit sinon de Dieu. Le président Bush a déclaré que Scalia et Thomas constituaient des modèles du genre de juges qu'il aimerait nommer pendant son mandat. Récemment, en signe de repentir pour avoir courtisé les fondamentalistes protestants à la Bob Jones University durant la campagne électorale, Bush a « tendu la main » aux catholiques d'extrême droite. Il est déjà bien établi chez les fondamentalistes protestants. En fait, son procureur général, J. D. Ashcroft, un pentecôtiste, commence chaque journée à huit heures par une réunion de prière à laquelle assistent les employés du ministère de la Justice avides de baigner dans le sang de l'agneau. En 1999, Ashcroft a déclaré aux diplômés de la Bob Jones University que l'Amérique était fondée sur des principes religieux (première nouvelle pour Jefferson et consorts) et que « nous n'avons d'autre roi que Jésus ».

J'ai déjà relevé un certain nombre de complots qui commencent à apparaître à mesure que l'histoire fortement manipulée de McVeigh évolue vers son épouvantable « conclusion » qui, en l'occurrence, marquera simplement un nouveau début. Le complot de l'Opus Dei est (était ?) au cœur du ministère de la Justice. Ensuite, le FBI a conspiré pour dissimuler des documents à la défense de McVeigh ainsi qu'au maître présumé du ministère : Nous le Peuple Assemblé en Congrès tel que l'incarnait l'ancien sénateur Danforth. Et enfin, le complot spontané des médias, en cours, destiné à faire de McVeigh un démon ayant agi seul, malgré des preuves contraires.

Mais revenons au complot du FBI destiné à couvrir ses crimes à Waco. Le sénateur Danforth est un homme honorable, mais le président de la Cour suprême, Earl Warren, l'était aussi, et les résultats de la commission sur les événements de Dallas, qui portait son nom, ne l'ont, paraît-il, jamais complètement convaincu lui-même. Le 1er juin, Danforth a déclaré au *Washington Post* : « Je parie que Timothy McVeigh, un jour ou l'autre, je ne sais trop quand, sera exécuté et que, après l'exécution, on trouvera une boîte, quelque part. » Le sénateur ne doit pas parler pour ne rien dire. Le 1er juin également, le *New York Times* a publié un article de l'Associated Press dans lequel les avocats des davidiens prétendaient que les agents du FBI avaient tiré sur les membres de la secte avec des fusils d'assaut à canon court qui ne furent pas expertisés par la suite. Notre ami le porte-parole du FBI, John Collingwood, a déclaré qu'une vérification dans les registres du bureau avait montré que « le fusil à canon court figurait parmi les armes expertisées ». La réponse de Danforth a été à peu près la suivante : Eh bien, si vous le dites. Il a fait remarquer, de nouveau, qu'il avait reçu « rien moins qu'une coopération totale » de la part du FBI. Comme l'a dit H. L. Mencken : « [Le ministère de la Justice] s'est livré à des pratiques contestables depuis sa création et demeure aujourd'hui une source féconde d'oppression et de corruption. Il est difficile de se rappeler une administration pendant laquelle il n'a pas été au centre d'un grave scandale. »

Freeh lui-même semble s'être adonné à des

pratiques contestables. En 1996, tel un implacable Javert, il est tombé à bras raccourcis sur un agent de sécurité d'Atlanta, Richard Jewell, à propos de l'attentat des jeux Olympiques. Jewell était innocent. Pendant que Freeh commandait une nouvelle haire[1] (les membres de l'Opus Dei mortifient la chair) et donnait l'ordre de construire une nouvelle guillotine, on a découvert que le laboratoire du FBI avait, comme d'habitude, bâclé les enquêtes (lire *Tainting Evidence*, de J. F. Kelly et P. K. Wearne). Plus tard, Freeh a mené bataille pour prouver que Wen Ho Lee était un espion communiste. Les accusations délirantes de Freeh contre l'irréprochable scientifique de Los Alamos ont été repoussées par un juge fédéral furieux qui avait l'impression que le FBI avait « embarrassé toute la nation ». Eh bien, c'est toujours risqué. L'œuvre de Dieu.

Même ainsi, plus on en apprend sur le FBI, plus on s'aperçoit que c'est effectivement un lieu très dangereux. Kelly et Wearne, dans leur enquête sur les méthodes du laboratoire du FBI, littéralement une affaire de vie ou de mort pour les personnes mises en examen, citent deux experts anglais en médecine légale à propos de l'attentat d'Oklahoma City. Après avoir étudié les conclusions du laboratoire, le professeur Brian Caddy a déclaré : « Si ces rapports sont bien ceux qui seront présentés comme preuves au

1. Chemise en crin destinée à être portée à fin de mortification *(N.d.T.)*.

tribunal, je suis consterné par leur forme et par leur contenu. La forme des rapports semble conçue pour dérouter le lecteur plutôt que pour l'aider. » Le Dr John Lloyd a écrit : « Les rapports sont de nature purement conclusive. À leur lecture, il est impossible de déterminer l'enchaînement des gardes à vue et les opérations précises qui ont été effectuées sur les divers éléments. » Manifestement, le moment est venu de remplacer cette police secrète pléthorique, incompétente et en grande partie incontrôlée par un bureau plus modeste et plus efficace qu'on appellerait « the United States Bureau of Investigation » (le Bureau d'enquête des États-Unis).

C'est maintenant le 11 juin, un matin brumeux et chaud à Ravello. Nous venons de regarder un remake de Show Time à Terre Haute, dans l'Indiana. CNN a dûment annoncé que je n'avais pas pu être témoin, comme McVeigh l'avait demandé : le procureur général ne m'avait pas donné assez de temps pour me rendre là-bas. Je me suis senti un peu mieux quand j'ai appris que, étendu sur le brancard dans la salle d'exécution, il ne pouvait voir aucun de nous à travers les vitres teintées qui l'entouraient. C'est alors que des journalistes présents ont dit qu'il avait établi délibérément un « contact visuel » avec eux et ses témoins. Selon Cate McCauley, qui était parmi eux, il a vu ses témoins. « On s'est rendu compte qu'il n'était plus là après la première injection », a-t-elle dit. Elle avait travaillé sur son affaire pendant un an en tant qu'investigatrice pour la défense.

J'ai posé des questions sur ses dernières heures. Il a cherché un film à la télévision et n'a rien trouvé d'autre que *Fargo*, qu'il n'avait pas envie de voir. Il est assurément mort dans la peau de son personnage, c'est-à-dire en gardant sa maîtrise de soi. La première injection, du Pentothal de sodium, vous assomme. Mais il a gardé les yeux ouverts. La deuxième injection, du bromure de pancuronium, a provoqué un collapsus pulmonaire. Toujours prêt à lutter pour la vie, il a eu l'air de retenir le souffle qui lui restait. Au bout de quatre minutes, il était officiellement mort, mais ses yeux étaient encore ouverts et fixaient la caméra au plafond, qui le filmait « en live » pour son public d'Oklahoma City.

McVeigh n'a pas fait de dernière déclaration, mais il a recopié, de mémoire semble-t-il, un poème de W. E. Henley (1849-1903), « Invictus ». Parmi les nombreux écrits de Henley, il existe une anthologie connue, *Lyra Heroica* (1892), qui rend hommage à ceux qui ont commis des actes héroïques désintéressés. Je doute que McVeigh l'ait jamais lue, mais il se serait certainement identifié au groupe de jeunes écrivains, parmi lesquels Kipling, connus sous le nom de « jeunes gens de Henley », toujours debout sur le pont en feu d'un navire, tous maîtres de leur destin, capitaines de leur âme.

Comme on pouvait s'y attendre, aucun de ces bavards n'a cité le nom de Henley, car personne ne le connaissait. Beaucoup ont pensé que ce poème célèbre était l'œuvre de McVeigh. Une femme irascible a parlé de Henley comme d'un « infirme du XIXe siècle ». J'ai envoyé un e-mail féroce à sa chaîne : Henley l'unijambiste était « interpellé par les extrémités ».

La sérénité stoïque des derniers jours de McVeigh a fait de lui un héros dans le style de Henley. Il ne s'est pas lamenté sur son sort, il a endossé la responsabilité de ce qu'il était censé avoir fait, il n'a pas demandé grâce comme nos médias toujours sadiques l'exigent. En même temps, des détails contradictoires à son sujet s'accumulent – une mosaïque déconcertante, en fait – et il semble de plus en plus s'être aventuré dans une époque de l'histoire américaine qui ne lui convenait pas. Il avait manifestement besoin d'une cause à laquelle se sacrifier pour se définir. L'abolition de l'esclavage ou la sauvegarde de l'Union auraient été plus dignes de sa vie que la colère face aux excès de notre police secrète corrompue. Mais il était coincé dans notre époque et il a donc déclaré la guerre à un gouvernement qui, d'après lui, avait déclaré la guerre à son propre peuple.

Un moment poétique dans ce qui a été dans l'ensemble un hymne orchestré à la haine. À l'extérieur de la prison, un groupe d'opposants à la peine de mort priait dans la lumière de l'aube. Soudain, un oiseau est venu se poser sur le bras d'une femme, qui a continué à prier. Quand elle s'est finalement levée, l'oiseau est resté sur son bras – consolation ? *Ora pro nobis.*

CNN nous a montré des moments du dernier

matin de McVeigh. Interrogé sur la raison pour laquelle il n'avait pas au moins déclaré être désolé d'avoir tué des innocents, il a répondu qu'il aurait pu le faire, mais qu'il n'aurait pas été sincère. Il était le soldat d'une guerre qu'il n'avait pas déclenchée. C'était dans la veine de Henley. Un biographe l'a décrit comme honnête à l'excès. McVeigh a également fait remarquer que Harry Truman n'avait jamais dit qu'il était désolé d'avoir largué deux bombes atomiques sur le Japon déjà vaincu, tuant environ 200 000 personnes, pour la plupart des femmes et des enfants collatéraux. Les médias ont hurlé que c'était en temps de guerre. Mais McVeigh se considérait, à tort ou à raison, comme étant également en guerre. Soit dit en passant, l'inexorable béatification de Harry Truman est devenue un aspect important de notre système impérial en pleine évolution. Beaucoup de gens croient que les bombes ont été larguées pour sauver des vies américaines. Ce n'est pas vrai. Les bombes ont été larguées pour effrayer notre nouvel ennemi, Staline. Comme un seul homme, nos chefs les plus importants durant la Seconde Guerre mondiale, parmi lesquels Eisenhower, C. W. Nimitz et même Curtis LeMay (si bien interprété par George C. Scott dans *Docteur Folamour*), étaient contre l'utilisation des bombes par Truman sur un ennemi vaincu qui essayait de se rendre. Un ami de la télévision en direct, Robert Alan Aurthur, aujourd'hui décédé, a réalisé un documentaire sur Truman. Je lui ai demandé ce qu'il pensait de lui. « Il donne toujours des réponses toutes prêtes. La seule fois où il a réagi, c'est quand je lui ai demandé de parler de sa décision de larguer les bombes atomiques sur Hiroshima déjà en ruine. Truman m'a regardé pour la première fois. “D'accord, a-t-il dit, mais je ne leur lécherai pas le cul.” » Manifestement un autre héros de Henley, avec à son actif beaucoup plus de vies innocentes que McVeigh. Était-ce le Monsieur Verdoux de Chaplin qui disait que, quand il s'agit d'étalonner la responsabilité de la perte de vies humaines, tout se réduit finalement à une question d'échelle ?

Après mes aventures dans les jardins de Ravello (Bryant Gumbel de CBS était comme d'habitude modéré, courtois et ne tirait pas sur la corde), j'ai pris la direction de Terre Haute, via Manhattan. J'ai fait plusieurs émissions dans lesquelles j'ai été coupé quand j'ai prononcé le mot « Waco ». Seule Greta Van Susteren de CNN a saisi. « On ne répare pas une injustice par une autre », a-t-elle judicieusement déclaré. J'étais tout à fait d'accord avec elle. En même temps, étant hostile à la peine de mort, j'ai fait remarquer que trois injustices ne constituent pas un progrès.

Puis il y a eu le sursis. Je suis retourné à Ravello. Les médias avaient les yeux fixés sur moi. De temps en temps, j'entendais ou je lisais que j'avais écrit le premier à McVeigh en le félicitant, vraisemblablement, pour sa tuerie. Je n'ai cessé d'expliquer, patiemment, que, après avoir lu mon article dans *Vanity Fair*, c'était lui qui m'avait écrit, commençant ainsi une correspondance épisodique qui a duré trois ans. En l'occurrence, je n'ai pas pu me rendre à l'exécution et n'ai donc pas vu de mes propres yeux l'oiseau de l'aube se poser sur le bras de la femme.

McVeigh m'a adressé une première lettre pour dire qu'il appréciait ce que j'avais écrit. Je lui ai répondu. Pour indiquer à quel point je suis un homme d'affaires avide – sûrement pas de l'école de Capote –, je n'ai pas conservé de double de mes lettres, jusqu'à la dernière que je lui ai adressée, en mai.

Sa deuxième lettre, écrite de la prison du Colorado, est datée du 28 février 1999. « M. Vidal, merci pour votre lettre. J'ai reçu votre livre, *United States*, la semaine dernière, et depuis j'ai pratiquement terminé la seconde partie – vos méditations politiques. » Je dois dire que l'orthographe et la grammaire sont parfaites du début à la fin, tandis que l'écriture est étrangement régulière et penche vers la gauche, comme si on la regardait dans un miroir. « Je pense que vous seriez surpris de savoir le nombre de points de vue que je partage...

> Quant à votre lettre, je reconnais tout à fait que "la rébellion généralisée contre ce que notre gouvernement est devenu est le fait le plus intéressant (et le plus important, je crois) de l'histoire de ce siècle." C'est pourquoi j'ai été très déçu par les commentaires attribuant l'attentat d'Oklahoma City à un simple acte de "vengeance" en rapport avec Waco, et pourquoi j'ai été ravi de lire votre article de novembre dans *Vanity Fair*. Quatre ans se sont écoulés depuis l'attentat ; votre travail est le pre-

mier à explorer véritablement les motivations de ce coup porté contre le gouvernement des États-Unis, et je vous en remercie. Je pense qu'une réflexion approfondie de ce type est essentielle si l'on veut vraiment comprendre les événements d'avril 1995.

J'aurais de nombreuses observations à vous soumettre, mais cette lettre doit rester d'une longueur raisonnable ; je n'en ferai donc qu'une seule : si les agents fédéraux sont comme "autant de Jacobins en guerre" contre les citoyens de leur pays et si les agences fédérales "font une guerre quotidienne" à ces citoyens, l'attentat d'Oklahoma City ne doit-il pas être considéré comme une "contre-attaque" plutôt que comme une guerre autodéclarée ? Ne ressemblerait-il pas plus à Hiroshima qu'à Pearl Harbor ? (Je suis certain que les Japonais ont été aussi choqués et surpris à Hiroshima – en fait, cet effet prévu ne faisait-il pas partie intégrante de la stratégie globale de ce bombardement ?)

Pour revenir à votre lettre, je n'ai jamais considéré votre âge comme un obstacle [ici, il se fâche avec le tact !] jusqu'au jour où j'ai reçu cette lettre et où j'ai remarqué qu'elle était tapée sur une *machine à écrire* ! Ne vous inquiétez pas, des études médicales récentes ont montré que le goût des Italiens pour l'huile de pépins, l'huile d'olive et le vin contribuent à l'allongement de leur espérance de vie et à la prévention des maladies cardio-vasculaires ; vous avez donc bien choisi le lieu de votre retraite.

Je vous remercie de nouveau de m'avoir écrit et, à propos d'une quelconque inquiétude sur le contenu ou la façon d'écrire à quelqu'un "dans ma situation", je crois que vous vous rendrez compte que nous ne sommes, pour la plupart d'entre nous, que des "gens comme tout le monde", quoi qu'en pense l'opinion publique ; vous n'avez donc pas besoin de prêter une attention particulière à ce que vous voulez écrire. À bientôt...

Sous cette ligne, il a mis entre guillemets « "Tout homme normal doit être tenté de temps à autre de se cracher dans les mains, de hisser le drapeau noir et de se mettre à trancher des gorges." H. L. Mencken[1]. Prenez soin de vous. »

Il a gribouillé ses initiales en guise de signature. Inutile de dire que cette lettre n'avait rien à voir avec l'idée que je m'étais faite de lui après ce que j'avais lu à son propos dans la presse enragée des États-Unis, menée, comme toujours, par le *New York Times* et ses tentatives maladroites d'analyse freudienne (prétendant, par exemple, qu'il avait été brisé parce que sa mère avait quitté son père quand il avait seize ans – en réalité, il semblait soulagé). Ensuite, je n'ai plus eu de ses nouvelles pendant un an environ. Deux reporters d'un journal de Buffalo (il était né et avait grandi près de Buffalo) l'interviewaient pour leur livre, *American Terrorist*. Je crois bien lui avoir écrit que Mencken avait souvent recours à l'hyperbole, à la manière de Swift, et qu'il ne fallait pas le prendre trop au pied de la lettre. Pouvait-on dire la même chose de McVeigh ? L'intéressante possibilité – préparez-vous au plus grandiose de tous les complots – qu'il n'ait ni fabriqué ni déclenché la bombe à l'extérieur du Murrah Buil-

1. Journaliste et critique américain (1880-1956) *(N.d.T.)*.

ding n'a pas été écartée ; plus tard seulement, confronté à la mort ou à la prison à vie, il aurait veillé à ce qu'on lui attribue à lui seul le mérite d'avoir hissé le drapeau noir et tranché des gorges, provoquant la rage grandissante de diverses « milices » dans le pays ; celles-ci se sont alors indignées qu'il tire tout le mérite d'un acte révolutionnaire organisé, d'après certains, par beaucoup d'autres. Finalement, si ce scénario est le bon, les fédéraux haïs et lui étaient du même avis.

Comme l'avait prévu le sénateur Danforth, le gouvernement voulait exécuter McVeigh le plus tôt possible (dans les dix jours suivant la déclaration de Danforth au *Washington Post*) afin de ne pas avoir à produire trop vite la boîte égarée contenant des documents pouvant faire croire que d'autres personnes étaient impliquées dans l'attentat. Le fait que McVeigh en personne ait été impatient de commettre ce qu'il appelait un « suicide assisté par l'État » ne semblait constituer qu'une distorsion bizarre d'une histoire qui, quelle que soit la façon dont on tente de l'arranger, ne rentre jamais tout à fait dans le cadre du complot plus ancien n'impliquant qu'un tueur fou isolé (Oswald) tué par un autre tueur fou isolé (Ruby), qui devait mourir en taule avec, prétendait-il, une histoire à raconter. À la différence de Lee Harvey (« Je suis le jobard ») Oswald, notre héros à la Henley a trouvé irrésistible le rôle du guerrier solitaire contre un méchant État. Si, dans sa première correspondance avec moi, il ne reconnaît rien pour la raison évidente que ses avocats ont fait appel, dans sa dernière lettre, le 20 avril 2001 – « T. McVeigh 12076-064 POB 33 Terre Haute, In. 47808 (USA) » –, il m'écrit : « M. Vidal, si vous avez lu *American Terrorist*, publié récemment, vous vous êtes sans doute rendu compte que vous aviez vu juste avec votre article "The War at Home". Ci-joint, de quoi alimenter votre intuition. » Parmi les documents qu'il m'a envoyés figurait la transcription d'une conversation avec le psychiatre de Timothy McVeigh sur ABCNews.com. L'interview du Dr John Smith était dirigée par un animateur le 29 mars de cette année. Le Dr Smith n'avait rencontré McVeigh que lors d'une unique séance, six ans plus tôt. Apparemment, McVeigh l'avait délié de son serment de confidentialité afin qu'il puisse parler à Lou Michel et Dan Herbeck, les auteurs de *American Terrorist*.

L'animateur : Vous dites que Timothy McVeigh « n'était pas dérangé » et qu'il n'avait pas de « maladie mentale majeure ». Alors pourquoi, selon vous, a-t-il commis un crime aussi terrible ?

Le Dr John Smith : Eh bien, je ne pense pas qu'il l'ait commis parce qu'il était dérangé ou qu'il interprétait mal la réalité... Il était trop sensible, jusqu'à frôler la paranoïa, aux actions du gouvernement. Il a commis cet acte surtout par vengeance à cause de l'attaque de Waco, mais il voulait aussi faire une déclaration politique sur le rôle du gouvernement fédéral et contester l'usage de la force contre les citoyens. Donc, pour répondre à votre question, c'était de sa part un choix conscient, non parce qu'il était dérangé, mais parce qu'il était sérieux.

Le Dr Smith parle ensuite de la déception de McVeigh devant le fait que les médias aient évité tout dialogue « sur le mauvais usage du pouvoir par le gouvernement fédéral ». Également : « La déclaration qu'il m'a faite : "Je ne m'attends pas à une révolution". » Il a poursuivi en me racontant qu'il avait discuté avec certains membres de milices vivant dans les collines près de Kingman, dans l'Arizona, sur la facilité qu'il y aurait, au moyen de quelques armes à feu placées dans les collines, de couper l'autoroute 40 en deux et de perturber le transport entre l'est et l'ouest des États-Unis – discussion vraiment grandiose. »

Grandiose mais, je pense, dans le style de ces rebelles qui aiment se définir comme Patriotes et se considèrent comme semblables aux colons américains qui ont arraché leur indépendance à l'Angleterre. On pense qu'ils sont entre deux et quatre millions, dont environ 400 000 activistes enrôlés dans des milices. Bien que McVeigh n'ait jamais réellement rejoint un groupe, il a sillonné le pays trois années durant et établi des contacts avec des amateurs d'armes à feu et des ennemis déclarés du gouvernement fédéral comme lui. Il a aussi appris, selon *American Terrorist*, « que le gouvernement préparait un raid massif contre les détenteurs d'armes à feu et les membres des mouvements patriotiques au printemps 1995 ». C'était le déclic dont McVeigh avait besoin pour ce qu'il allait faire : comme battre les cartes.

The Turner Diaries constitue le rêve raciste d'un ancien professeur de physique qui écrit sous le pseudonyme de Andrew Macdonald. Bien que

McVeigh n'ait pas de problème avec les Noirs, les juifs et tous les autres ennemis des diverses nations blanches et « aryennes », comme c'est le cas dans les rangs des Patriotes, il partage l'obsession des *Diaries* pour les armes à feu, les explosifs et la guerre totale et définitive contre le « Système ». On a beaucoup parlé, à juste titre, d'un exposé du livre sur la manière de construire une bombe semblable à celle qu'il a utilisée à Oklahoma City. On a demandé au Dr Smith si McVeigh avait reconnu avoir copié cette partie du roman ; il a répondu : « Eh bien, plus ou moins. Tim voulait qu'il soit clair que, contrairement aux *Diaries*, il n'était pas raciste. Il a été très clair sur ce point. Il ne haïssait pas les homosexuels. Il a aussi été très clair là-dessus. » Quant à l'influence du livre, « il n'a pas l'intention de partager le mérite avec quiconque ». Quand on lui a demandé de conclure, le bon docteur a simplement déclaré : « Je me suis toujours dit que s'il n'y avait pas eu Waco, il n'y aurait pas eu Oklahoma City. »

McVeigh m'a aussi envoyé un article qu'il avait écrit en 1998 pour *Media Bypass*. Il l'a intitulé « Essai sur l'hypocrisie ».

> L'administration a dit que l'Irak n'avait pas le droit de stocker des armes chimiques ou biologiques... principalement parce que ce pays les avait utilisées dans le passé. Or, si c'est là le critère pour décider de ces questions, le pays qui a établi le précédent est les États-Unis. Les États-Unis stockent ces armes (et d'autres encore) depuis plus de quarante ans. Les États-Unis prétendent

qu'ils l'ont fait à des fins dissuasives pendant la « guerre froide » avec l'Union soviétique. Pourquoi, alors, l'Irak n'aurait-il pas le droit d'invoquer la même raison (la dissuasion), en rapport avec sa guerre (réelle) contre son voisin l'Iran et la menace continuelle qu'il représente ?...

Pourtant, quand on en vient à parler de l'Irak, n'importe quel gardiennage dans un bâtiment du gouvernement devient instantanément « un bouclier ». Pensez-y. (En réalité, il existe une différence. L'administration a admis qu'elle connaissait la présence d'enfants à l'intérieur ou près des bâtiments du gouvernement irakien, mais elle a tout de même poursuivi ses projets de bombardement en prétendant qu'elle ne pouvait être tenue pour responsable de la mort d'enfants. Il n'existe toutefois pas de preuve que la présence d'enfants ait été connue lors de l'attentat d'Oklahoma City.)

Il nie donc toute connaissance préalable de la présence d'enfants dans le Murrah Building, à la différence du FBI qui savait qu'il y avait des enfants dans l'enceinte des davidiens et en a même tué vingt-sept.

McVeigh cite de nouveau le juge Brandeis : « Notre gouvernement est notre maître puissant et omniprésent. Pour le bien et pour le mal, il éduque tout le peuple par son exemple. » Il s'arrête là. Mais Brandeis poursuit dans son désaccord : « Le crime est contagieux. Si le gouvernement se met à transgresser la loi, il engendre le mépris de la loi ; il invite chaque homme à faire justice lui-même. » Ainsi, le soldat modèle et déterminé a dégainé sa terrible épée et des innocents sont morts. Mais, poursuit Brandeis, un gouvernement sans lois « appelle l'anarchie. Déclarer que, dans l'administration de la loi criminelle, la fin justifie les moyens – déclarer que le gouvernement peut commettre des crimes afin d'obtenir la condamnation d'un criminel particulier – risque d'amener un châtiment terrible ».

On se demande si la majorité de cinq contre quatre de l'Opus Dei à la Cour suprême actuelle a jamais médité ces mots si éloignés de, disons, l'un de ses penseurs fondamentaux, Machiavel, qui insistait sur le fait que, avant tout, le Prince devait être redouté.

Enfin, McVeigh m'a envoyé trois pages de notes manuscrites datées du 4 avril 2001, quelques semaines avant la première date prévue pour son exécution. Elles sont adressées à « C. J. » (?), mais il a barré ces initiales.

> J'explique ici pourquoi j'ai commis l'attentat contre le Murrah Building à Oklahoma City. Je ne l'explique ni pour la publicité ni pour chercher à remporter une discussion sur le bien et le mal. Je l'explique pour dissiper tout malentendu quant à ma pensée et mes motivations à propos de l'attentat contre des installations du gouvernement.
>
> J'ai choisi de commettre un attentat contre un bâtiment fédéral parce qu'un tel acte atteignait davantage d'objectifs que d'autres options. En premier lieu, l'attentat était une mesure de représailles : une contre-attaque pour les raids répétés (et les violences et les dommages ultérieurs) auxquels les agents fédéraux ont participé ces dernières années (y compris, mais pas seulement,

Waco). Depuis la formation, dans les années 1980, d'unités telles que le « Hostage Rescue » du FBI et d'autres groupes d'assaut dans les agences fédérales, jusqu'aux événements de Waco, les actions fédérales sont devenues de plus en plus militaristes et violentes au point que, à Waco, notre gouvernement – comme les Chinois – a déployé des blindés contre ses propres citoyens.

... Les agents fédéraux étaient virtuellement devenus des « soldats » (utilisant un entraînement, des tactiques, un équipement, un langage, un uniforme, une organisation et un esprit militaires) et leur comportement s'aggravait. Par conséquent, cet attentat se voulait aussi un coup préventif (ou anticipé) porté à ces forces et à leurs centres de commandement et de contrôle à l'intérieur du bâtiment fédéral. Quand une force d'agression lance continuellement des attaques à partir d'une base d'opérations spécifique, la bonne stratégie militaire consiste à porter le combat dans le camp de l'ennemi. En outre, empruntant une page à la politique étrangère des États-Unis, j'ai décidé d'envoyer un message à un gouvernement qui devenait de plus en plus hostile, en m'attaquant à un bâtiment du gouvernement et aux employés représentant ce gouvernement à l'intérieur de ce bâtiment. Faire exploser une bombe au Murrah Federal Building était moralement et stratégiquement équivalent à la frappe par les États-Unis d'un bâtiment du gouvernement en Serbie, en Irak ou dans d'autres pays. En me fondant sur l'observation de la politique de mon propre gouvernement, j'ai envisagé cette action comme une option acceptable. De ce point de vue, ce qui s'est passé à Oklahoma City n'est pas différent de ce que les Américains ont déversé sur la tête des autres depuis toujours et, par conséquent, j'étais et je suis dans un état d'esprit de détachement clinique. (L'attentat du Murrah Building n'était pas plus un acte personnel que lorsque les forces aériennes, l'armée, la marine ou les marines bombardent ou lancent des missiles de croisière sur les installations d'un gouvernement (étranger) et leur personnel.)

J'espère que cette clarification répond correctement à votre question.

Cordialement,

T. M.

Pénitencier de Terre Haute (Indiana)

Quand j'ai affirmé que McVeigh souffrait d'un « sens de la justice exacerbé », il y a eu des articles et des lettres indignés dans la presse. Je n'avais pas vraiment besoin d'employer cette expression, mais je savais que peu d'Américains pensent vraiment que quelqu'un puisse agir autrement que par intérêt personnel, tandis que toute personne qui risque intentionnellement – et donne – sa vie pour attirer l'attention de ses concitoyens sur l'aspect oppressif du gouvernement est complètement folle. Mais le bon Dr Smith a remis les choses à leur place : McVeigh n'est pas dérangé. Il est sérieux.

C'est le 16 juin. Cinq ans et non cinq jours semblent s'être écoulés depuis l'exécution, le 10 juin. Le *New York Times* a traité de « L'avenir du terrorisme américain ». Apparemment, le terrorisme a vraiment un avenir ; nous devons donc nous méfier des skinheads nazis dans la cambrousse. Le *Times* tombe parfois juste, en général pour de mauvaises raisons. Par exemple, sa position actuelle consiste à dissiper l'illusion que « McVeigh n'est qu'un pion dans un vaste complot mené par un groupe d'inconnus ayant peut-être même eu des rapports avec le gouvernement. Seule une minorité s'accrochera longtemps à cette théorie. » Dieu merci : on avait eu peur que les rumeurs d'un grand complot ne subsistent et que la bannière étoilée elle-même ne se transforme sous nos yeux en minorité. Le *Times*, plus indigné qu'attristé, a l'impression que McVeigh a joué au martyr, d'abord en plaidant non coupable, puis en ne profitant pas de son procès pour « faire une déclaration politique sur Ruby Ridge et Waco ». McVeigh était d'accord avec le *Times* et reprochait à son premier avocat, Stephen Jones, son alliance contre nature avec le juge et sa trahison. Lors de son procès en appel, ses nouveaux avocats ont affirmé que la trahison avait eu lieu quand Jones, avide de publicité, avait rencontré Pam Belluck du *Times*. La culpabilité de McVeigh a été secrètement admise, ce qui explique la faiblesse de la défense. (Jones prétend ne rien avoir fait d'incorrect.)

En réalité, juste après l'attentat, admet le *Times*, le nombre des milices est monté en flèche ; de 220 en 1995, les groupes antigouvernementaux sont passés à plus de 850 à la fin de 1996. Un des facteurs de cette progression était l'idée qui circulait dans les groupes de miliciens « que les agents du gouvernement avaient posé la bombe afin de justifier les lois antiterroristes. Un général en retraite de l'Air Force, rien de moins, a avancé la théorie que, outre la bombe qui se trouvait dans le camion de M. McVeigh, il y avait des bombes à l'intérieur du bâtiment ». Bien que le *Times* aime les analogies avec l'Allemagne nazie, il rechigne étonnamment à en établir une avec, disons, l'incendie du Reichstag en 1933 (Göring revendiqua plus tard ce crime créatif) qui a permis à Hitler d'invoquer une loi d'habilitation lui conférant toute sorte de pouvoirs dictatoriaux « pour la protection du peuple et de l'État », et ainsi de suite jusqu'à Auschwitz.

Ace Hayes, le rédacteur en chef avisé du *Portland Free Press*, a fait remarquer que la voix absolument indispensable à toute affaire de terrorisme ne s'était pas encore fait entendre. L'intérêt de tout acte terroriste est de le revendiquer pour que la peur se répande dans le pays. Mais personne ne l'a revendiqué avant que McVeigh ne le fasse, *après* le procès où il a été condamné à mort sur la foi de preuves indirectes produites par l'accusation. Ace Hayes a écrit : « Si l'attentat n'était pas terroriste, qu'était-il ? C'était du pseudo-terrorisme, perpétré par des groupes d'agents clandestins et cloisonnés à des fins de pouvoir de la police d'État. » À propos de la conclusion de Hayes, Adam Parfrey a écrit dans *Cult Rapture* : « [L'attentat] n'est en rien différent de l'action des fausses unités viêt-cong qu'on envoyait violer et assassiner les Vietnamiens pour discréditer le Front national de libération. Il n'est en rien différent des fausses "découvertes" d'armes communistes au Salvador. Il n'est en rien différent de la fausse Symbionese Liberation Army créée par la CIA et le FBI pour discréditer les véritables révolutionnaires. » Preuve d'un complot ? Edye Smith a été interviewée par Gary Tuchman le 23 mai 1995 sur CNN. Elle a dûment fait remarquer que le bureau de l'ATF, environ dix-sept personnes au neuvième étage, n'avait pas enregistré de victimes. En fait, ces personnes semblent ne pas être venues travailler ce jour-là. Jim Keith donne des détails dans *OKBOMB !* tandis que Smith a fait observer à la télévision : « L'ATF a-t-il été averti ? Je veux dire par là : ont-ils pensé que c'était un mauvais jour pour aller au bureau ? Ils avaient la possibilité de ne pas travailler ce jour-là, mais pas mes enfants. » Elle a perdu deux enfants dans l'attentat. L'ATF a plusieurs explications. Voici la dernière : cinq employés étaient dans les bureaux, ils sont indemnes.

Autre piste qui n'a pas été suivie : la sœur de McVeigh a lu devant le grand jury une lettre qu'il lui avait écrite et où il disait être devenu membre d'un « groupe de forces spéciales impliqué dans des activités criminelles ».

Finalement, McVeigh, déjà condamné à mort, a décidé d'endosser toute la responsabilité de l'attentat. Agissait-il en bon soldat professionnel pour en couvrir d'autres ? Ou se voyait-il dans un rôle historique avec son Harper's Ferry[1] personnel, et si ses cendres pourrissent dans la tombe, son esprit est-il toujours en marche ? Nous le saurons peut-être – un jour.

Quant aux « fins de pouvoir de la police d'État », après l'attentat, Clinton a signé des projets de loi autorisant la police à commettre toute sorte de crimes contre la Constitution dans l'intérêt de la lutte contre le terrorisme. Le 20 avril 1996 (anniversaire de Hitler dont le souvenir vaut de l'or, au moins pour les producteurs de *Les Producteurs*), le président Clinton a signé l'*Anti-Terrorism Act* (« pour la protection du peuple et de l'État » – l'accent est mis, naturellement, sur le second terme) ; un mois plus tôt, le mystérieux Louis Freeh avait informé le Congrès de ses projets d'extension des écoutes téléphoniques par sa police secrète. Clinton parle de son *Anti-Terrorism Act* en termes familiers (1er mars 1993, *USA Today*) : « On ne peut pas être obsédé par le désir de préserver les droits des Américains ordinaires. » Un an plus tard (19 avril 1994 sur MTV) : « Beaucoup de gens disent qu'il y a trop de libertés individuelles. Quand les libertés individuelles sont malmenées, il faut faire en sorte de les limiter. » Sur cette note retentissante, il a reçu son diplôme *cum laude* de l'école de Newton Gingrich[2].

1. Référence à John Brown qui mena la prise de l'arsenal de Harper's Ferry en 1859 et à la chanson *John Brown's body lies a mould'ring in the grave / his soul is marching on (N.d.T.).*
2. Président de la Chambre des représentants (1995-1998),

En substance, l'*Anti-Terrorism Act* de Clinton vise à créer une force de police nationale sur les cendres refroidies depuis longtemps des fondateurs. Les détails sont fournis par la loi 97 de la Chambre des représentants, chimère dont les auteurs sont Clinton, Reno et le mystérieux M. Freeh. Il est prévu d'organiser une Force d'intervention et de déploiement rapide de 2 500 hommes, placée sous l'autorité du procureur général, avec des pouvoirs dictatoriaux. Joe Hendricks, chef de la police de Windsor dans le Missouri, s'est élevé contre cette force de police supraconstitutionnelle. Hendricks a dit : « [avec cette loi] un agent du FBI peut entrer dans mon bureau et réquisitionner ce poste de police. Si vous ne le croyez pas, lisez le projet de loi anti-criminels que Clinton a signé en 1995. Il paraît que les fédéraux vont prendre la direction de la police de Washington D.C. Pour moi, cela crée un dangereux précédent. » Mais, après un demi-siècle passé à craindre l'arrivée des Russes, puis celle des terroristes provenant d'États voyous toujours plus nombreux, ainsi que les horreurs continuelles des crimes en rapport avec la drogue, il y a peu de répit pour un peuple si constamment – si opiniâtrement – désinformé. Il existe cependant un soupçon inné qui semble faire partie de la psyché de chaque individu américain – comme le montrent en tout cas les sondages.

conservateur et libéral acharné, impliqué dans plusieurs scandales liés à des complots d'intérêts *(N.d.T.)*.

D'après un sondage du Scripps Howard News Service, quarante pour cent des Américains pensent qu'il est très probable que le FBI ait allumé les incendies de Waco. Cinquante et un pour cent pensent que les fédéraux ont tué John Kennedy (Oh, Oliver[1], qu'as-tu provoqué !). Quatre-vingts pour cent pensent que l'armée cache la preuve que l'Irak a utilisé des gaz asphyxiants ou une substance tout aussi mortelle dans le Golfe. Malheureusement, le revers de la médaille est inquiétant. Selon le *Los Angeles Times*, après Oklahoma City, cinquante-huit pour cent des Américains étaient d'accord pour renoncer à certaines de leurs libertés afin de faire barrage au terrorisme – y compris, se demande-t-on, au droit sacré d'être mal informé par le gouvernement ?

Peu après la condamnation de McVeigh, le directeur Freeh a apaisé la commission de justice du Sénat : « La plupart des organisations de milices du pays ne sont, à notre avis, ni menaçantes ni dangereuses. » Mais avant cela, devant la commission budgétaire du Sénat, il avait « avoué » que son bureau était préoccupé par « différents individus, ainsi que par des organisations, dont certains ont une idéologie qui soupçonne le gouvernement de complots à l'échelle mondiale – des individus qui se sont organisés contre les États-Unis ». En résumé, ce bureaucrate qui accomplit l'œuvre de Dieu considère comme une menace les « individus qui embrassent des idéo-

1. Allusion au film *JFK*, d'Oliver Stone *(N.d.T.)*.

logies incompatibles avec les principes du gouvernement fédéral ». Fait étrange pour un ancien juge, Freeh ne semble pas se rendre compte à quel point cette dernière phrase est inquiétante.

Les mécontents rendent aussi nerveux l'ancien directeur de la CIA, William Colby. Au cours d'une conversation avec le sénateur du Nebraska, John DeCamp (peu de temps avant l'attentat d'Oklahoma City), il vaticinait : « J'ai vu comment le mouvement pacifiste a rendu impossible à ce pays la conduite ou la victoire de la guerre du Vietnam... Ce mouvement de milices et de patriotes... est beaucoup plus important et beaucoup plus dangereux pour les Américains que le mouvement pacifiste ne l'a jamais été, si on ne s'en occupe pas intelligemment... Ce n'est pas parce que ces gens sont armés que l'Amérique doit s'inquiéter. » Colby poursuit : « Ils sont dangereux parce qu'ils sont nombreux. C'est une chose d'avoir quelques dingues ou quelques dissidents. On peut s'en occuper, *avec justice ou autrement* [c'est moi qui souligne], de sorte qu'ils ne constituent pas un danger pour le système. La situation est totalement différente quand on a affaire à un véritable mouvement – des millions de citoyens qui croient à quelque chose, surtout si le mouvement est constitué de gens normaux, de citoyens bien intégrés. » Vraisemblablement, l'une des « autres » façons de traiter un tel mouvement est – quand il élit un président à un demi-million de voix de majorité – de faire appel à la majorité de la Cour suprême qui va dans le même sens pour arrêter le recomptage des voix d'un État, créer des dates limites arbitraires et inventer des retards jusqu'à ce que notre vieux système électoral doive, par défaut, donner la présidence au candidat du « Système », par opposition à celui pour lequel le peuple a voté.

Beaucoup d'« experts » – et beaucoup d'experts véritables – pensent que McVeigh n'a ni fabriqué ni fait exploser la bombe qui a détruit une grande partie du Murrah Federal Building le 19 avril 1995. Pour commencer par la fin – à la façon dont le FBI a mené cette affaire –, si McVeigh n'était *pas* coupable, pourquoi a-t-il avoué cet acte meurtrier ? Je suis convaincu, par sa correspondance et d'après ce que j'ai appris sur lui dans une liste de livres qui ne cesse de s'allonger, que, une fois reconnu coupable à cause de la défense présentée par son principal avocat, Stephen Jones, qu'il considérait comme bâclée – tellement différente de la défense brillante de son « co-conspirateur » Terry Nichols assurée par Michael Tiger –, McVeigh pensait que la seule alternative à la mort par injection était un demi-siècle ou plus de vie en cage. Il existe un autre aspect de notre système carcéral (considéré comme l'un des plus barbares pendant la Première Guerre mondiale), auquel a fait allusion l'écrivain anglais John Sutherland dans *The Guardian*. Il a cité le procureur général de Californie, Bill Lockyer, à propos du P-DG d'une usine de production d'électricité qui s'enrichissait grâce à la pénurie d'approvisionnement en énergie en Californie. « "Je serais ravi d'escorter personnellement ce P-DG vers une cellule de 2,50 mètres sur 3 mètres qu'il partagerait avec un gommeux tatoué qui dirait : 'Salut, je m'appelle Spike, mon chou.'"... Le fonctionnaire judiciaire le plus important de l'État confirmait (ce dont nous nous doutions tous) que le viol est une politique pénale. Aller en prison et devenir l'esclave sexuel d'un Hell's Angel est considéré comme faisant partie de la peine. » Quelques dizaines d'années à repousser Spike n'est pas l'idée de bien passer son temps que se fait un héros de Henley. Plutôt mourir qu'être à la merci de Spike. Cela explique l'aveu : « J'ai fait exploser une bombe au Murrah Building. »

Il existe toutefois des preuves accablantes qu'il y a eu un complot impliquant des milices et des agents infiltrés du gouvernement – qui sait ? – comme instigateurs pour créer la panique afin de faire signer à Clinton l'infâme *Anti-Terrorism Act.* Mais si, ainsi qu'il apparaît maintenant, bien des parties intéressées étaient impliquées, on n'arrive pas à trouver de théorie unifiée de la gravitation ; néanmoins, s'il en existe une, Joel Dyer pourrait être son Einstein. (Einstein, bien sûr, n'a pas non plus réussi à faire tenir parfaitement debout sa théorie.) En 1998, J'ai analysé *Harvest of Rage* de Dyer dans ces pages. Dyer était rédacteur en chef au *Boulder Weekly*. Il a écrit sur la crise de l'Amérique rurale due au déclin de la ferme familiale, qui coïncide également avec la formation de diverses milices et différents cultes religieux, dont certains sont dangereux et d'autres simplement affligeants.

Dans *Harvest of Rage*, Dyer explique pourquoi McVeigh et Terry Nichols ne peuvent pas avoir agi seuls lors de l'attentat d'Oklahoma City. Après une longue enquête, il a écrit un épilogue aux procès des deux conspirateurs. Voici quelques-unes de ses surprenantes conclusions.

Finalement, le 2 juin 1997, Timothy McVeigh a été reconnu coupable pour onze chefs d'accusation, dont la conspiration, et pour huit meurtres relatifs à ce que le FBI a appelé la « OKBOMB ».

L'accusation a bien réussi à éviter certains des points les plus faibles de l'affaire, tel le fait que certains experts en explosifs se soient demandé si une seule bombe d'engrais pouvait expliquer les dégâts considérables subis par le Murrah Building ; autre point faible, pas moins de dix témoins prétendent avoir vu un camion Ryder garé à Geary Lake dans le Kansas – lieu où, selon les dires du gouvernement, la bombe a été assemblée – avant le jour où McVeigh a effectivement loué le camion utilisé pour l'attentat. Le témoignage le plus préjudiciable à McVeigh a été celui d'un de ses anciens copains de l'armée et de sa femme, Michael et Lori Fortier. Les Fortier ont témoigné contre leur complice : Michael a déclaré que McVeigh avait décidé de détruire le Murrah Building parce qu'il croyait que les ordres concernant le raid contre l'enceinte des davidiens en provenaient. Michael a aussi déclaré au jury qu'il avait aidé McVeigh à surveiller le Murrah Building avant l'attentat. Malgré la preuve du contraire, les Fortier ont prétendu qu'ils n'étaient pas impliqués dans le complot de l'attentat. Michael a été condamné à douze ans.

Stephen Jones n'a cessé de faire valoir que les Fortier

étaient des menteurs, qu'ils prenaient des amphétamines et qu'on ne pouvait donc pas se fier à eux. Mais le jury est resté indifférent. La présentation de la défense de McVeigh a duré à peine une semaine. Jones a souvent plongé le jury dans la confusion et l'ennui au lieu de le convaincre de l'innocence de son client. Même quand il a réussi dans sa tentative de démontrer qu'il y avait un vaste complot derrière l'attentat, il n'a pas fait grand-chose pour montrer que McVeigh n'était pas au centre de ce dernier. L'argumentation de Jones a conduit certains reporters à se demander si McVeigh ne limitait pas sa propre défense pour empêcher l'émergence de preuves pouvant impliquer l'apparition d'autres personnes dans l'affaire.

Playboy et *The Dallas Morning News* ont tous deux publié ce qu'ils ont présenté comme les confessions de McVeigh aux personnes assurant sa défense. Dans les deux articles, McVeigh reconnaît l'attentat. Dans de nombreux cercles, ces confessions ont été considérées comme la preuve que seuls McVeigh et Nichols étaient directement impliqués dans l'attentat. Après tout, c'était ce que McVeigh était censé avoir prétendu. Il y a cependant des raisons d'être sceptique. Je pense que, en avouant, McVeigh, une fois encore, a joué au soldat et a essayé de protéger ses complices.

Le gouvernement est-il responsable de l'attentat ? Le procès de Terry Nichols a eu lieu au printemps 1997. Dès le début, les accusations du gouvernement contre Nichols ont été plus difficiles à prouver que celles contre McVeigh. Grosse différence : Nichols était au Kansas au moment de l'attentat. En outre, Nichols avait un bon avocat en la personne de Michael Tiger. Le jury a déclaré Nichols innocent des meurtres, mais coupable d'avoir préparé l'attentat du Murrah Building et coupable de huit homicides involontaires. Ensuite, au moment de la condamnation, le jury s'est trouvé dans une impasse, ce qui rendait impossible la peine de mort. Après deux jours de délibérations, la présidente du jury, Niki Deutchman, a informé le juge Richard P. Matsch que le jury ne parvenait pas à se départager. Le 4 juin 1998, Matsch est intervenu et a condamné Terry Nichols à la prison à vie, mais la décision du juge a été très discutée. Deutchman a déclaré à la presse : « Les décisions ont sans doute été prises très vite sur le fait que McVeigh et Nichols étaient ceux qu'ils recherchaient, et on n'a pas utilisé le même genre de moyens pour tenter de trouver qui d'autre pourrait être impliqué... Le gouvernement a vraiment laissé tomber. » Certains jurés pensaient que d'autres personnes pouvaient être impliquées et qu'elles étaient toujours en liberté. Peu après sa conférence de presse, Deutchman a reçu des menaces.

Le gouvernement a répondu.

Le procureur général Janet Reno a démonté les critiques de Deutchman. Reno a affirmé au pays que le FBI avait suivi toutes les pistes afin de trouver les responsables de l'explosion. Elle a démenti l'idée d'un complot plus vaste et a déclaré que McVeigh et Nichols étaient les seuls auteurs du crime.

Malheureusement, Janet Reno a sans doute tort. Au cours de mon enquête, qui comportait un examen de tous les documents de McVeigh, j'ai trouvé la preuve que le FBI n'avait pas suivi de pistes concrètes ou, s'il l'avait fait, ne les avait pas produites à la défense. J'ai découvert des informations fournies au FBI par les fonctionnaires chargés d'appliquer la loi au Kansas et par des témoins dignes de foi et dont on n'a apparemment pas tenu compte. Plus important, j'ai trouvé la preuve que le FBI a pu dissimuler certaines informations à la défense, faussant ainsi peut-être les verdicts contre McVeigh et Nichols.

Sujet n° 1. Le 10 décembre 1997, on a montré pour la première fois à Charles Farley une photographie de l'homme pour lequel il avait essayé à plusieurs reprises de déclencher une enquête du FBI. Farley était assis sur le banc des témoins dans une salle d'audience fédérale de Denver et l'homme qui lui montrait la photo ne travaillait pas pour le gouvernement. Il travaillait pour Terry Nichols. « Monsieur Farley... reconnaissez-vous l'individu représenté sur cette photographie ? » a demandé Adam Thurschwell, l'un des avocats de la défense de Nichols. « Oui, monsieur, a répondu Farley. C'est l'individu qui était debout devant la porte du camion, l'individu qui m'a lancé un regard mauvais. »

Farley témoignait pour la défense à propos de l'expérience qu'il avait vécue quelques jours avant l'attentat. Farley, employé du Fort Riley Outdoor Recreation Center, près de Geary Lake, avait déjà dit au FBI que, le 17 ou le 18 avril 1995, il était allé au bord du lac pour voir si c'était un bon coin de pêche. Après avoir inspecté le lac, Farley avait pris la bretelle qui menait à la route nationale, mais son départ avait été ralenti par plusieurs véhicules garés près de la sortie – un pick-up, un gros camion de déménagement, une voiture marron et un camion Ryder ; plusieurs hommes se tenaient debout près des véhicules. Le gros camion était chargé de sacs qui, à son avis, étaient remplis d'engrais au nitrate d'ammonium. « Il avait l'air surchargé », a déclaré Farley au jury. Pensant que le camion était en panne à cause du poids de l'engrais, il a décidé de proposer son aide. Il a rapidement changé d'avis lorsque l'un des hommes – le même homme, à son avis, que celui qu'il a identifié plus de deux ans et demi plus tard devant la cour – lui a lancé un regard mauvais. L'homme se tenait tout près de la voiture de Farley et il avait plusieurs signes distinctifs, dont une barbe sans moustache. Quelques jours plus tard, après l'attentat, prétend Farley, il a revu l'homme. Cette fois, c'était à la télévision et il était interviewé sur la question des milices. À ce moment-là, on savait que la bombe avait été déclenchée à l'arrière du camion Ryder qui aurait été loué à Junction City, dans le Kansas, près de Geary Lake. Apparemment, la bombe aurait été fabriquée à partir d'engrais au nitrate d'ammonium. Pensant posséder des informations en tant que témoin oculaire sur les hommes qui avaient fabriqué la bombe, Farley a appelé le numéro spécial du FBI. Deux semaines plus tard, un agent est venu l'interroger sur son lieu de travail mais, apparemment, le gouvernement n'est pas allé au-delà de cette visite à propos de cette piste importante, malgré le fait que l'information de Farley semblât confirmer les soupçons du gouvernement sur le lieu où la bombe avait été fabriquée. Le FBI n'a apparemment pas tenté d'identifier l'individu que Farley avait vu de près. Selon des sources proches de la défense, les avocats de Nichols, pensant avoir appris l'identité de l'homme que Farley avait vu, ont demandé pendant le procès toutes les informations que le FBI possédait sur cet homme. On leur a donné un dossier ne contenant que des coupures de journaux. Rien dans le dossier n'indiquait que le FBI ait jamais tenté de contacter cet homme ou qu'il ait demandé à Farley de l'identifier parmi d'autres. Il n'avait même pas pris la peine de contacter la télévision de Topeka pour revoir la séquence où apparaissait le suspect de Farley.

J'ai trouvé étrange cette absence d'enquête. Mi-1997, j'ai décidé de tenter d'identifier l'homme mystérieux en m'appuyant exclusivement sur la description de Farley. Dans les vingt minutes qui ont suivi mon premier coup de téléphone à mes contacts dans les milices du Kansas, j'ai pu identifier l'homme sur la photo qu'on avait montrée à Farley dans la salle d'audience. Le sujet n° 1 n'était guère discret dans le mouvement antigouvernemental.

En plus de son apparition à la télévision, l'homme était cité dans un article d'un journal de Kansas City, paru après l'attentat ; il se vantait d'utiliser les tactiques des Freemen[1] pour faire passer de faux droits de gage et de faux chèques au Kansas. Plusieurs fonctionnaires chargés d'appliquer la loi m'ont dit que, à l'époque de ces déclarations, il y avait une vaste enquête fédérale portant sur la fraude bancaire parrainée par les Freemen au Kansas – enquête qui s'intéressait à l'homme de Farley. Plusieurs sources m'ont confirmé l'existence de cette enquête. Le Sujet n° 1 étant soumis à une enquête, il aurait dû y avoir autre chose que des coupures de journaux dans le dossier. L'information a, semble-t-il,

1. Entre 1995 et 1996, quelques dizaines d'agriculteurs et éleveurs du Montana, qui se définissaient comme Freemen, « hommes libres », se barricadèrent dans leurs ranchs et déclarèrent qu'ils avaient fondé un État indépendant. Le 25 mars 1996, deux des leurs furent arrêtés pour fraude bancaire. Le 13 juin 1996, seize membres du groupe se rendaient *(N.d.T.)*.

été dissimulée aux avocats de la défense. Pourquoi le FBI n'a-t-il pas suivi la piste de Farley ? La meilleure explication est qu'elle posait un sérieux problème au gouvernement dans ses poursuites contre McVeigh et Nichols. Il ne faut pas oublier que Farley avait aperçu cinq personnes, et non pas deux, près du nitrate d'ammonium et du camion Ryder.

Sujet n° 2. Le lendemain de l'attentat, deux portraits-robots ont été faxés dans tout le pays aux organes de presse et aux bureaux chargés d'appliquer la loi. Ils représentent deux hommes, présumés avoir déclenché la bombe, monsieur Dupont et monsieur Durand. McVeigh, arrêté 90 minutes après l'attentat parce qu'il conduisait sans plaques d'immatriculation et portait une arme dissimulée, a rapidement été identifié comme étant monsieur Dupont. Monsieur Durand n'a jamais été identifié par le FBI.

Jake Maucke, shérif adjoint du comté de Shawnee, au Kansas, a déclaré qu'il était presque tombé de sa chaise quand, peu après l'attentat, il avait comparé le portrait-robot de monsieur Durand à la photo d'un activiste antigouvernemental connu dans la région. Le comté de Shawnee se situe à environ 80 kilomètres de Junction City, lieu où a été loué le camion Ryder et où McVeigh a passé la nuit avec un autre homme, jamais identifié, au Dreamland Motel. Mauck dit qu'il a rapidement fait part au FBI de ses soupçons concernant le Sujet n° 2. Pour des raisons qu'on ne connaîtra sans doute jamais, le FBI n'a apparemment pas réagi aux informations de Mauck. Il n'a pas non plus tenu compte d'indications similaires émanant de Suzanne James, employée de la Drug Administration du comté de Shawnee. Le FBI lui a dit que des agents avaient déjà enquêté sur le sosie du monsieur Durand de Mauck. L'ont-ils fait ? Apparemment non. L'une des personnes qui a enquêté sur l'homme que suspectaient Mauck et James est Mike Tharp, reporter au *U.S. News & World Report*. Mauck a parlé à Tharp quand la frustration due au peu d'intérêt des fédéraux est devenue insupportable. Tharp a obtenu une photo du Sujet n° 2 et a commencé à la montrer à des gens ayant aperçu un homme autre que Terry Nichols avec McVeigh les jours précédant l'attentat. Quand il a montré la photo à Barbara Whittenberg, propriétaire du Santa Fe Trail Diner à Herington, qui prétendait avoir vu monsieur Durand avec McVeigh, elle a déclaré : « Je jurerais presque que c'était lui. » D'autres, à qui Tharp a montré la photo, croyaient qu'il s'agissait de l'homme qu'ils avaient vu avec McVeigh. Quand Tharp s'est renseigné au FBI sur cet individu, il a reçu une réponse devenue on ne peut plus familière : « Nous suivrons toutes les pistes. » Il n'existe aucune preuve que le FBI se soit jamais donné la peine de suivre une piste concernant le Sujet n° 2.

Sujet n° 3. Dans les jours qui ont suivi l'attentat, Russell Roe, assistant du procureur du comté de Geary, au Kansas, a rencontré des agents du FBI et leur a parlé d'un homme de la région, connu pour ses activités antigouvernementales. Roe a déclaré que cet individu ressemblait à monsieur Durand et que le bruit courait qu'il avait fait exploser des bombes d'engrais dans sa ferme à l'est du Kansas, avant l'attentat du Murrah Building. Suzanne James, la femme du bureau de la Drug Administration dans le comté de Shawnee, avait parlé de cet homme aux fédéraux. James a affirmé que le gouvernement n'avait pas manifesté d'intérêt pour ses informations. Après avoir téléphoné cinq fois au FBI, elle a laissé tomber. Tony Metcalf, shérif du comté de Pottawatomie, a donné le nom du Sujet n° 3 au FBI. Plus tard, à l'automne 1997, j'ai interrogé Cliff Hall, le propriétaire du *Topeka Metro News*. Il m'a dit que le Sujet n° 3 avait fait paraître des annonces dans sa publication. Les annonces étaient composées dans le style des Freemen, en rapport avec le renoncement à la citoyenneté et les notifications de droits de gage. Hall a précisé qu'un agent des services secrets était venu à son journal pour obtenir des copies des annonces dans le cadre de l'enquête sur le Sujet n° 3.

Le Sujet n° 3 a aussi été cité dans un document relatif à une enquête fédérale sur une fraude bancaire au Texas. L'affaire du Texas a conduit à des accusations fédérales de fraude déposées contre plusieurs membres du groupe antigouvernemental Republic of Texas (ROT), dont le leader du groupe, Richard McLaren. Parmi les preuves contre le ROT, le gouvernement a produit des cassettes vidéo du groupe préparant des garanties bancaires frauduleuses. Les cassettes ont aussi révélé une surprise. Elles ont clairement montré que la personne apprenant au ROT comment créer de faux documents n'était autre que le Sujet n° 3. Ce que la défense de McLaren n'a pas réussi à comprendre, c'est pourquoi son client et pratiquement toutes les personnes apparaissant sur la cassette ont été arrêtés et inculpés, alors que le Sujet n°3 n'a jamais été inculpé au cours de cette enquête. La défense a commencé à soupçonner un coup monté. D'après les documents du procès de McLaren, Tom Mills, l'avocat de McLaren, a demandé au gouvernement tous les dossiers se rapportant au Sujet n° 3. Le ministère public, dans un geste expliqué seulement au juge, a présenté une requête afin que les dossiers concernant le Sujet n° 3 ne soient pas communiqués à la défense de McLaren. Le gouvernement ne remettrait les dossiers que s'ils étaient gardés « in camera ». En d'autres termes, le FBI les mettrait à la disposition du juge mais pas de la défense.

Nullement intimidée par le contretemps de l'« in camera », la défense de McLaren a tenté une autre approche. Si elle ne pouvait pas consulter les dossiers, elle pouvait citer l'homme à comparaître. Mills a engagé un détective qui a retrouvé rapidement le Sujet n° 3 dans l'Oregon. Mills a demandé à la cour des fonds pour envoyer le détective dans l'Oregon afin de notifier à l'homme sa citation à comparaître. Le juge a accepté, mais c'est alors que le gouvernement a fait une chose encore plus insolite que la dissimulation des dossiers. Il a arrêté le Sujet n° 3 au milieu de la nuit, cinq heures à peine avant que soit notifiée la citation à comparaître. Mills a interrogé plusieurs heures le Sujet n° 3 dans une prison de Dallas. Après quoi, Mills a déposé une nouvelle requête exposant qu'il était plus convaincu que jamais que, dans le passé, l'homme avait coopéré avec les autorités à un certain niveau et que, par conséquent, l'avocat devait être autorisé à consulter les documents « in camera ». Sa requête a été de nouveau rejetée. Le Sujet n° 3 est finalement venu à la barre pendant que le jury était en train de délibérer. Le bon sens aurait voulu que, s'il était un agent ou un informateur du gouvernement, il fasse appel au cinquième amendement, ce qu'il n'a pas fait. Lorsque le juge lui a demandé s'il était l'homme dont le nom figurait sur la citation à comparaître, le sujet a opposé la défense classique des Freemen. Il a demandé au juge d'épeler son nom et de préciser les lettres en majuscule. Le juge s'est exécuté et l'homme a dit que le juge avait épelé son nom de manière incorrecte. C'est alors que le ministère public (qui avait fait tout ce qui était en son pouvoir pour empêcher le Sujet n° 3 de témoigner) a déclaré au juge que l'homme devait subir une expertise psychiatrique. Le juge a accepté et le Sujet n° 3 n'a jamais eu à expliquer son apparente immunité judiciaire. En avril 1998, McLaren a été déclaré coupable de vingt-sept chefs d'accusation fédéraux. Sa défense n'a jamais eu accès aux dossiers concernant le Sujet n° 3.

Malgré le démenti continuel du FBI, on sait que le gouvernement a inexplicablement négligé l'exploration de pistes sérieuses en rapport avec les Sujets n° 1, n° 2, n° 3 et, je le soupçonne, en rapport avec d'autres personnes de leur organisation.

Il sera intéressant de voir si le FBI est suffisamment intrigué par ce que Joel Dyer a écrit pour suivre les pistes qu'il leur a si généreusement fournies.

Pour l'instant, le livre de David Hoffman, *The Oklahoma City Bombing and the Politics of Terror* est le plus complet de la douzaine de comptes rendus sur ce qui s'est ou non passé ce jour d'avril. Hoffman commence son enquête par la lettre du 17 mai 1995 du général de brigade de l'armée de l'air, Benton K. Partin, expédiée à tous les membres du Sénat et de la Chambre des représentants : « En voyant pour la première fois les images des dégâts asymétriques causés au bâtiment fédéral par le camion transportant la bombe, ma réaction immédiate a été que ce type de dégâts aurait été techniquement impossible sans des charges explosives supplémentaires à la base de certains piliers de renfort en béton... Que l'explosion d'un camion transportant une bombe simpliste de la taille et de la composition décrites soit capable d'atteindre vingt mètres à la ronde et de démolir la base d'un pilier renforcé de dimension A7 est difficile à croire. » De son côté, Samuel Cohen, père de la bombe à neutrons et ancien membre du Manhattan Project, était du même avis. Il a écrit à un député de l'Oklahoma : « Il est absolument impossible et contre les lois de la nature qu'un camion rempli d'engrais et d'essence... peu importe la quantité... fasse s'effondrer le bâtiment. » On aurait pu penser que l'avocat chargé de la défense de McVeigh, cherchant sans relâche un lien avec le Moyen-Orient, aurait appelé ces experts reconnus comme témoins, mais le compte rendu de Jones sur l'affaire, *Others Unknown*, ne contient aucun de ces deux noms.

Dans le numéro du 20 mars 1996 du bulletin *Strategic Investment*, il était écrit que les analystes du Pentagone avaient tendance à penser la même chose que le général Partin. « Un rapport secret préparé par deux experts indépendants du Pentagone a conclu que la destruction du bâtiment fédéral à Oklahoma City en avril dernier a été provoquée par cinq bombes distinctes... Des sources proches de cette étude affirment que Timothy McVeigh a effectivement joué un rôle dans l'attentat, mais un rôle "périphérique", celui de "l'idiot de service". » Finalement, et inévitablement – nous sommes en guerre, après tout –, « les bombes multiples portent la "signature" du Moyen-Orient et désignent l'implication de l'Irak ou de la Syrie ».

En l'occurrence, les efforts bien intentionnés de Partin et Cohen pour analyser les ruines ont été inutiles. Seize jours après l'attentat, on a cessé de fouiller les décombres à la recherche des victimes. Dans une autre lettre au Congrès, Partin a déclaré qu'il ne fallait pas démolir le bâtiment avant qu'une équipe médico-légale indépendante ait examiné les décombres. « Il est facile de dissimuler les preuves décisives comme cela a apparemment été le cas à Waco... Pourquoi se précipiter pour détruire les preuves ? » Voici les mots-clefs : les fédéraux ont rasé les ruines six jours plus tard. Ils ont offert la même excuse qu'à Waco : « danger pour la santé publique ». Partin : « C'est la façon classique de dissimuler des preuves. »

Partin soupçonnait un complot communiste. Personne n'est parfait.

« Alors, quelle est la leçon à en tirer ? » demandaient souvent les producteurs de télévision durant le prétendu âge d'or des émissions en direct. Cela voulait dire : qu'est-ce que le public est censé penser une fois l'émission terminée ? L'histoire de McVeigh nous propose plusieurs leçons. Si McVeigh est simplement « l'idiot de service », l'outil de ce qui pourrait être un très vaste complot impliquant différentes milices du pays travaillant, selon certains, avec des personnes venues du Moyen-Orient, le refus du FBI de suivre autant de pistes prometteuses dépasse alors de beaucoup son incompétence habituelle et pue la trahison. Si McVeigh était, hypothèse improbable, l'unique auteur et l'unique concepteur de l'attentat, sa destruction « inhumaine » de tant de vies humaines n'aura servi absolument à rien, sauf si nous la considérons sérieusement pour ce qu'elle était : une sonnerie d'alarme destinée à un gouvernement fédéral profondément détesté, semble-t-il, par des millions de gens. (Rappelez-vous que le populaire Ronald Reagan s'élevait sans cesse *contre* le gouvernement fédéral, même si c'était souvent pour de mauvaises raisons.) Dernière leçon tirée par les cheveux : McVeigh n'a ni fabriqué, ni livré, ni fait exploser la bombe mais, arrêté pour un autre motif, il s'est approprié toute la « gloire » et a ainsi sacrifié sa vie. Ce n'est pas tant une histoire pour W. E. Henley que pour un de ses jeunes disciples, Rudyard Kipling, auteur de *L'Homme qui voulait être roi*.

En conclusion, le fait que le scénario McVeigh-Nichols n'ait aucun sens laisse à penser que, une fois de plus, nous sommes confrontés à un crime « parfait » – pour l'instant.

Vanity Fair
Septembre 2001

Après la publication de « Le sens du geste de Timothy McVeigh », j'ai reçu une lettre de Eric F. Magnuson, directeur du World Libertarian Order. Le 21 mai 2001, M. Magnuson a écrit à McVeigh au quartier des condamnés à mort, en lui demandant quelles modifications il apporterait, s'il en avait la possibilité, à la manière dont sont administrés les États-Unis. McVeigh a répondu par dix ajouts aux dix amendements que comprend notre Déclaration des droits. Voici donc, grâce à M. Magnuson, les dernières pensées de McVeigh sur la manière de corriger notre système. M. Magnuson m'a également demandé de reproduire sa propre position sur ce sujet.

20 juin 2001. Il faut souligner ici que ce n'est pas parce que nous reproduisons les idées de Timothy McVeigh que le WLO est nécessairement d'accord avec elles. Nos écrits sont entièrement distincts des siens. Nous ne pouvons certainement pas prôner ou pardonner l'explosion de bâtiments importants remplis de gens qu'on ne connaît même pas. On risque de tuer un futur libertaire. Nous pensons, cependant, qu'il est impossible d'empêcher que surviennent des événements aussi tragiques dans l'avenir, à moins d'être disposé à regarder en face et avec honnêteté la raison pour laquelle ils se sont produits dans le passé. Nous sommes persuadés que tous les gens sensés sont d'accord avec ce principe tout à fait fondamental. Ceux qui ne le sont pas sont ceux qui préfèrent les fantasmes à la réalité. Ces gens-là posent problème et n'apportent en rien un début de solution. Le fait que Timothy McVeigh ait commis un acte désespéré et destructeur ne vient pas annuler opportunément le fait que le gouvernement américain soit devenu trop envahissant et oppressif, il vient simplement le souligner.

Eric F. Magnuson

La Déclaration des droits selon Tim

1. La parole, la presse, la religion, l'association ne seront pas entravées, pas plus qu'elles ne seront imposées à quiconque par le gouvernement des États-Unis.

2. Il n'y aura pas d'armée de métier en temps de paix, [ce qui] inclut les grands corps fédéraux chargés d'appliquer la loi ou les coalitions des fonctionnaires qui constitueraient une force militaire, à l'exception des forces maritimes basées en mer.

3. Le Bureau de l'exécutif n'aura aucun pouvoir pour modifier unilatéralement les droits prévus par la Constitution.

4. Personne ne sera soumis à une quelconque forme d'imposition directe ou de retenue sur son salaire par le gouvernement fédéral.

5. La vie ou la liberté d'une personne ne sera pas ôtée sans procédure légale. Tout employé du gouvernement violant les droits d'une procédure légale sera puni d'emprisonnement. Les citoyens ne seront pas soumis à une intrusion dans leur maison ou leur propriété par des employés du gouvernement fédéral. La propriété ou les autres biens des citoyens des États-Unis ne seront pas soumis à confiscation par le gouvernement fédéral

6. Les activités individuelles qui n'enfreignent pas les droits de propriété d'une autre personne ne seront ni poursuivies ni punies par le gouvernement des États-Unis. Tout crime présumé sera poursuivi par la juridiction locale la plus proche de ce crime présumé. Personne

ne sera jugé deux fois pour une infraction présumée et jugée dans une autre juridiction. Personne ne sera soumis à une peine cruelle et inhabituelle ; le gouvernement fédéral n'aura pas le pouvoir d'exécuter un individu en châtiment d'un crime reconnu, ou de passer un contrat avec une autre entité dans ce but. Personne ne rendra compte des actions d'un autre, sauf s'il est prouvé par plus d'un témoin que cette personne est l'acteur principal.

7. Toute monnaie en circulation sera remboursable dans une matière reconnue par tous comme ayant une valeur intrinsèque, tel l'argent.

8. Les membres de l'Assemblée législative ne gagneront pas plus de deux fois le seuil actuel de pauvreté et ne recevront pas de salaire supplémentaire, de bonus, de récompenses, de cadeaux, d'allocations ou autres privilèges, car assumer cette fonction consiste à servir le peuple et ne doit pas être considéré comme une opportunité de carrière capitaliste.

9. Lorsque la politique de restriction et d'équilibre non violente ne suffit pas à remédier à la tyrannie et aux abus du gouvernement, le peuple se réserve le droit à la rébellion. Inhérent à ce droit, le peuple conserve le droit absolu de posséder et de détenir les armes utilisées par le gouvernement, à tous les niveaux, pour le maintien de l'ordre dans le pays.

10. Tous les droits non énumérés ici appartiennent par essence au peuple ou à l'État respectivement et ne devront pas être supposés par omission [être] délégués à la juridiction du gouvernement fédéral.

Timothy McVeigh
28 mai 2001

La mise en pièces de la Déclaration des droits

La plupart des Américains d'un certain âge se rappellent exactement où ils étaient et ce qu'ils faisaient le 20 octobre 1964, quand ils ont appris la mort de Herbert Hoover. Le cœur et l'esprit du pays se sont arrêtés. Mais combien se rappellent quand et comment ils se sont aperçus pour la première fois que l'un ou l'autre des amendements de la Déclaration des droits avait rendu l'âme ? Pour moi, c'était un jour de 1960, lors d'une fête à Beverly Hills ; la mauvaise nouvelle m'a été annoncée par l'acteur Cary Grant, un homme joyeux de nature. Il arrivait tout juste de New York. Il a raconté qu'il avait pris son billet à un comptoir d'Idlewild, cet aéroport magique de l'Ancien Monde, dont le nom (qui veut dire oisif et sauvage) reflète notre condition. « Les filles superbes derrière le comptoir étaient ravies de me rendre service, c'est du moins ce qu'elles ont dit, et j'ai signé quelques autographes. Ensuite, j'ai demandé à l'une d'elles mes billets. Elle est brusquement devenue très sérieuse : "Avez-vous une pièce d'identité ?" a-t-elle demandé. » (Des amis m'ont dit que le « principe » de cette histoire constitue maintenant la trame d'une série de publicités télévisées pour *Visa* que je n'ai pas vues.) J'exagérerais si je disais que j'ai senti la fraîcheur de l'air ce soir-là, il y a bien longtemps, à Beverly Hills. En réalité, nous avons simplement ri. Mais je me suis demandé, un court instant, si l'avenir avait frappé d'un pied léger sur notre fosse commune.

Assez curieusement, c'est de nouveau Grant qui a apporté, aussi légèrement que d'habitude, la nouvelle que la vie privée elle-même ne tenait qu'à un fil. « Un ami de Londres m'a appelé ce matin », a-t-il dit. C'était le 4 juin 1963. « D'habitude, nous utilisons des noms de code, mais cette fois il a oublié. Il a demandé à me parler et j'ai dit dans le combiné : "C'est bon, St Louis, raccrochez. Vous aussi, Milwaukee" et ainsi de suite. Les opératrices adorent écouter les conversations. Quoi qu'il en soit, après avoir parlé affaires, il a dit : "Alors, quels sont les derniers potins d'Hollywood ?" J'ai répondu : "Eh bien, Lana Turner a encore une liaison avec ce lanceur de base-ball noir." L'une des opératrices a poussé un cri terrible : 'Oh, non !' »

Époque innocente. Aujourd'hui, tandis que les médias et le Congrès chantent d'une voix tonitruante leur hymne : *Twinkle, twinkle, little Starr*[1], *how we wonder what you are*, le prési-

1. Kenneth Star, auteur du rapport sur l'affaire Lewinsky *(N.d.T.)*.

dent en exercice est supposé n'avoir aucun droit à une vie privée parce que, vous comprenez, il s'agit vraiment de sexe, pas de la vérité, entrave permanente à la carrière politique. Lorsque son nom assurait à Grant un public admiratif auprès des opératrices du téléphone, nous autres étions en général ignorés. C'était hier. Aujourd'hui, dans les guerres jumelles, totales et jamais gagnées, contre la drogue et le terrorisme, deux millions de conversations téléphoniques par an sont interceptées par les fonctionnaires chargés d'appliquer la loi. Quant au fameux « lieu de travail » auquel sont assignés, par nécessité, tant d'Américains, « l'atteinte quotidienne aux libertés civiles... est une honte nationale », selon l'American Civil Liberties Union dans son rapport de 1996.

Dans les conclusions du rapport, on apprend que, entre 1990 et 1996, le nombre de travailleurs sous surveillance électronique est passé de huit millions par an à plus de trente millions. En même temps, les employeurs écoutent environ 400 millions de conversations téléphoniques par an – quelque chose comme 750 par minute. En 1990, les entreprises les plus importantes ont fait subir à trente huit pour cent de leurs employés des analyses d'urines pour détecter la présence de drogue. En 1996, plus de soixante-dix pour cent ont ainsi été importunés. Le recours à la loi n'a pas été encourageant. En fait, la Cour suprême de Californie a confirmé le droit des employeurs publics à effectuer des analyses pour détecter la présence de drogue, non seulement chez les employés chargés de piloter des avions à réaction ou de protéger nos frontières de l'impérialisme panaméen, mais aussi chez les simples balayeurs. La cour a aussi décidé que les administrations pouvaient faire subir des tests de dépistage de drogue et d'alcool aux candidats. Cette décision a été inspirée par les actions de la cité de Glendale, en Californie, qui voulait tester tous les employés devant être promus. Des poursuites ont été engagées contre Glendale au motif que la cité enfreignait la garantie accordée par le quatrième amendement contre les « perquisitions et les saisies injustifiées ». La politique de Glendale a été confirmée par la Cour suprême de Californie, mais le juge Stanley Mosk a rédigé un avis contraire : « Les tests de dépistage de drogue représentent une violation importante des droits fondamentaux à la vie privée et à la dignité des candidats... et la cité n'a pas, comme il lui incombait, fait la preuve qu'une telle violation soit justifiée dans le cas de tous les candidats à un emploi. »

Au cours de l'année dernière, j'ai eu deux révélations à la Cary Grant, mais infiniment plus macabres que ce qui se passait au bon vieux temps de la relative liberté vis-à-vis de l'État. Un couple d'acteurs connus et leurs deux jeunes enfants sont venus me voir un été. Nous avons pris des photos de leurs enfants de quatre et six ans qui gambadaient tout nus dans la mer. Le couple est rentré à Manhattan et le père a déposé les négatifs dans un drugstore pour les faire tirer.

Plus tard, l'employé du drugstore, heureusement amical, lui a téléphoné affolé : « Si je les tire, je dois vous dénoncer et vous risquez cinq ans de taule pour pédophilie. » La guerre contre la pédophilie est en train d'atteindre son plein régime, bien que Wardell Pomeroy, le collègue d'Alfred Kinsey dans la recherche sur les pratiques sexuelles, m'ait un jour assuré que la pédophilie ne constituait qu'un chiffre minime dans les statistiques, au même titre que les garçons de ferme et leurs amies les bêtes.

À la différence des pays sous surveillance napoléonienne constante, la liberté américaine a toujours été caractérisée par le fait que nous ne sommes pas obligés d'avoir toujours sur nous des papiers d'identité pour les montrer à des fonctionnaires curieux ou à des policiers arrogants. Mais aujourd'hui, en raison du terrorisme, chacun de nous est arrêté dans les aéroports et contraint de montrer une pièce d'identité comportant une photo (chose que, Allah le sait, aucun terroriste n'oserait falsifier). À Chicago, après une interview avec Studs Terkel, je me suis plaint que, n'ayant pas de permis de conduire, j'aie été obligé d'avoir sur moi un passeport dans mon propre pays, comme si j'étais citoyen de l'ancienne Union soviétique. Terkel avait eu le même problème : « On m'a demandé une pièce d'identité – avec photo – dans un aéroport du sud du pays et j'ai dit que je n'avais rien d'autre que le journal local avec une grande photo de moi en première page. Je la leur ai montrée, mais ils ont dit que ce n'était pas une pièce d'identité. Finalement, ils en ont eu assez de moi et m'ont laissé prendre l'avion. »

Récemment, j'ai examiné les statistiques sur le terrorisme (en général, des réponses directes aux crimes commis par notre gouvernement contre des étrangers – bien que, récemment, les crimes fédéraux contre nos propres citoyens soient en augmentation). Deux fois seulement en douze ans, un avion commercial américain a été détruit en vol par des terroristes ; ni l'un ni l'autre ne venaient des États-Unis. Pour empêcher toutefois la répétition de ces deux crimes, des centaines de millions de voyageurs doivent désormais accepter des fouilles, des saisies, des retards.

L'art de harceler les citoyens en est encore à ses balbutiements. Néanmoins, de nouveaux appareils, toujours plus chers, arrivent sur le marché – et bientôt dans l'aéroport près de chez vous –, y compris la machine à rêver de tous les collégiens en rut. Le « Body Search » Contraband Detection System, créé par American Science and Engineering, peut « radiographier » quelqu'un à travers ses vêtements et révéler le corps, dont l'image agrandie peut être projetée sur un écran en vue d'une analyse lascive. Le fabricant, fier de sa trouvaille, vante l'image obtenue : elle est si claire que même le nombril, à moins qu'il ne soit bourré de cocaïne attachée par du ruban adhésif, semble cligner de l'œil devant les voyeurs. D'après un rapport de l'ACLU, le système possède également une « option zoom pilotée par un joystick » qui permet à l'opérateur d'agrandir les parties intéressantes de l'image. Pendant ce temps, comme le note fièrement AS&E, la victime demeure entièrement vêtue. Les commandes de cette machine doivent être adressées au révérend Pat Robertson et seront honorées sur le principe du premier venu, premier servi, tandis que l'heureux possesseur du « Body Search » sera automatiquement inscrit dans la base de données du FBI en tant que « dégénéré sexuel, classe B ». Pendant ce temps, en février 1997, la « Al » Gore Commission a réclamé l'acquisition de cinquante-quatre machines high-tech de détection de bombes CTX 5000 ; ce scanneur de bagages à un million de dollars est une affaire et son fonctionnement ne coûtera que cent mille dollars par an. Malheureusement, le CTX 5000 ne scanne que deux cent cinquante bagages à l'heure, ce qui signifie qu'il en faudra peut-être mille pour « protéger » les passagers des principaux aéroports contre les deux éventuels terroristes qui pourraient – ou ne pourraient pas – frapper dans les douze ans à venir, comme ils l'ont fait deux fois au cours des douze dernières années. Puisque le système de détection actuel semble assez efficace, pourquoi soumettre les passagers à des heures d'attente, sans parler des cinquante-quatre millions de dollars et plus que coûterait l'équipement ?

Actuellement, des directives quelque peu confuses existent pour que le personnel des compagnies aériennes puisse reconnaître d'un coup d'œil ceux qui correspondent au « profil » d'un terroriste potentiel. Manifestement, toute personne au teint un peu basané qui porte un fez se fait arrêter sur-le-champ. Pour les terroristes qui ne semblent pas correspondre au « profil », des agences gouvernementales compétentes ont élaboré des types de comportement qui devraient permettre de démasquer rapidement les malfaiteurs. Un trafiquant de drogue retors a tendance à descendre le premier de l'avion sauf si, bien sûr, il est vraiment retors et choisit de descendre le dernier. Les grands criminels décontractés optent souvent pour une position intermédiaire. Les jeunes femmes blondes et seules sont souvent utilisées, à leur insu, pour transporter des bombes ou de la drogue données par des sosies d'Omar Sharif dans des casbahs sinistres. À leur arrivée au pays de la liberté, elles sont assaillies par d'énormes chiens dressés à flairer la drogue ; malheureusement, ces détectives canins prennent souvent pour des convoyeuses de drogue les femmes qui ont leurs règles, genre de méprise qui détend l'atmosphère et conduit souvent à de franches rigolades dans le bureau de douane. Il semble qu'une nervosité excessive chez un passager soit un indice absolument fiable, bien que, une fois de plus, le grand criminel paraisse parfois trop à l'aise. En tout cas, quelle que soit la méthode empirique et insensée appliquée, le fonctionnaire des douanes a parfaitement le droit de traiter n'importe qui comme un criminel sans aucune preuve, de procéder à une saisie et à une fouille, naturellement sans mandat légal.

La drogue. Si elle n'existait pas, nos gouvernants l'auraient inventée pour l'interdire et rendre ainsi une bonne partie de la population passible d'arrestation, d'emprisonnement, de saisie de ses biens, etc. En 1970, j'ai écrit dans le *New York Times*, lieu peu sympathique entre tous :

> Il est possible de résoudre en très peu de temps la plupart des problèmes de toxicomanie aux États-Unis. Il suffit de rendre disponibles toutes les drogues et de les vendre au prix coûtant, de coller une étiquette sur chaque drogue comportant la description précise des effets – bons ou mauvais – qu'elle aura sur le consommateur. Cela exigera une honnêteté héroïque. Il ne faudra pas dire que la marijuana entraîne une dépendance ou qu'elle est dangereuse, car ce n'est pas vrai, comme le savent des millions de gens – à la différence des « amphés » qui tuent de façon très désagréable, ou de l'héroïne qui peut entraîner une dépendance dont il est difficile de sortir. En même temps que les exhortations et les avertissements, il pourrait être bénéfique pour nos citoyens de leur rappeler (ou de leur apprendre) que les États-Unis ont été fondés par des hommes pour qui chaque homme a le droit de faire ce qu'il veut de sa vie tant qu'il ne gêne pas son voisin dans sa recherche du bonheur (si l'idée que se fait son voisin du bonheur passe par la persécution des autres, les choses deviennent un peu plus compliquées).

J'imagine que ce que j'ai écrit il y a vingt-huit ans reste tout aussi inacceptable aujourd'hui qu'à l'époque. Viennent s'y ajouter les femmes irascibles qui contestent mon sexisme, car j'ai exposé la question uniquement au masculin, tout comme les Fondateurs sexistes.

J'ai aussi signalé l'échec de la prohibition d'alcool entre 1919 et 1933. La Prohibition a entraîné une vague criminelle très semblable à celle d'aujourd'hui ; en effet, « et le Bureau des narcotiques et la Mafia veulent des lois draconiennes contre la vente et l'usage de drogue, car si la drogue était vendue à prix coûtant, personne n'en tirerait de profit ». Va-t-on faire quelque chose de raisonnable ? me suis-je demandé. « Le peuple américain est aussi attaché à l'idée du péché et de son châtiment qu'à celle du profit – et la lutte contre la drogue est une affaire aussi juteuse que le trafic. La combinaison du péché et de l'argent étant irrésistible (notamment pour le politicien professionnel), la situation ne peut qu'empirer. » Je suppose que j'ai au moins été bon prophète.

Les médias ne cessent de déplorer la culture de la drogue et, par ailleurs, reprochent à des pays étrangers comme la Colombie d'obéir à la loi inflexible de l'offre et de la demande à laquelle, en tant qu'idée et en tant que pays, nous avons juré fidélité éternelle. Nous nous délectons aussi de métaphores militaires. Les tsars guident nos armées dans des guerres contre les trafiquants et les consommateurs de drogue. Cette urgence permanente est telle que nous ne pouvons plus nous permettre de chichis comme l'*habeas corpus* ou la procédure légale. En 1989, William Bennett, ancien tsar de la lutte antidrogue et clown des talk-shows télévisés, a proposé de jure et de facto l'abolition de l'*habeas corpus* dans les affaires de « drogue » ainsi que (je n'invente rien) la décapitation publique des trafiquants de drogue. Un an plus tard, l'ayatollah Bennett a déclaré : « Je ne trouve pas de mérite à ceux qui sont en faveur de la légalisation [de la drogue]. Les choses sont simples : l'usage de la drogue est mauvais. L'argument moral est, finalement, l'argument le plus indiscutable. » Bien entendu, ce que ce dangereux comédien trouve moral est ce que James Madison et George Mason, homme d'État de Virginie et défenseur des droits de l'homme, auraient considéré comme une dangereuse absurdité, notamment quand sa « morale » supprime le don qu'ils nous ont fait, la Déclaration des droits. Mais Bennett n'est pas seul dans sa folie. En 1984, un conseiller particulier du président en matière de toxicomanie a déclaré : « On ne peut pas tolérer une drogue et dire : "Bon, cette drogue-là, ça va." Nous avons tracé la frontière. Il n'existe pas de drogues douces. » Autant pour le Tylenol 500 qui contient de la codéine. Qui aurait pensé que cet antique palliatif pouvait, si facilement, remplacer la seule religion nationale que les États-Unis aient jamais véritablement pratiquée, l'anticommunisme ?

Le 10 juin 1998, quelques voix courageuses et hérétiques se sont élevées dans les pages intérieures du *New York Times*, sous le titre : DE GRANDS NOMS SIGNENT UNE LETTRE CRITIQUANT LA GUERRE

CONTRE LA DROGUE. Un milliardaire du nom de « George Soros a rassemblé les signatures de centaines de personnes en vue dans le monde au bas d'une lettre affirmant que la guerre totale contre la drogue faisait plus de mal que la toxicomanie ». Apparemment, le Lindesmith Center de New York, financé par Soros, avait acheté un espace publicitaire dans le *Times*, attirant ainsi, à grands frais, l'œil d'un rédacteur. Parmi les signataires figuraient un ancien secrétaire d'État et quelques anciens sénateurs ; la publication devait coïncider avec une session spéciale des Nations unies sur les substances sataniques, mais elle n'a eu aucune influence sur un certain général Barry McCaffrey, le chef de guerre du président Clinton, qui a qualifié la lettre de « perception des années 1950 », si cela veut dire quelque chose. Après tout, l'usage de drogue dans les années cinquante était moins important qu'aujourd'hui, après quarante ans de guerre implacable. Étonnamment, dans l'article du *New York Times*, les signataires semblaient peu nombreux et excentriques, alors que le *Guardian* de Manchester, en Angleterre, a remarqué que, parmi les « signataires internationaux figuraient l'ancien Premier ministre des Pays-Bas..., les anciens présidents de Bolivie et de Colombie..., trois juges fédéraux [des États-Unis]..., de hauts fonctionnaires, d'anciens membres des brigades antidrogue... ». Mais le *Times* sait toujours ce qu'il convient d'imprimer.

Il est drôle – pour utiliser l'adjectif le plus faible possible – qu'un gouvernement aussi tyrannique et insensible que le nôtre en soit venu, au fil des années, à se préoccuper de notre santé au point de tester sans cesse les médicaments disponibles dans d'autres pays, tout en arrêtant ceux qui prennent des drogues « dures » sous le prétexte paternaliste qu'elles sont mauvaises pour la santé du consommateur. On est touché par son inquiétude – touché et sceptique. Après tout, ces mêmes gardiens compatissants de notre bien-être ont, au fil des ans, refusé de nous permettre d'avoir ce que tous les pays de l'Ancien Monde considèrent comme normal, un service de santé national.

Quand M. et Mme Clinton sont arrivés à Washington, directement des collines de l'Arkansas, remplis de naïveté, le visage rose et rayonnant d'avoir descendu les ruisseaux écumants, ils ont tenté de doter les Américains d'un système de santé, petit geste en échange de tout l'argent des impôts affecté à la « Défense » contre un ennemi qui a malicieusement disparu quand nous avions le dos tourné. À la première insinuation qu'il était temps pour nous de rejoindre le monde civilisé, une vaste conjuration s'est mise en place pour bloquer toute forme de système de santé national. Ça ne pouvait pas être que la « droite », comme l'a suggéré Mme Clinton, mais plutôt l'industrie pharmaceutique et les compagnies d'assurances associées à des éléments de l'American Medical Association pour éliminer à tout jamais l'idée que notre pays puisse fournir à ses citoyens un quelconque système de santé.

L'un des problèmes d'une société aussi strictement contrôlée que la nôtre est le peu d'informations que nous avons sur ce que pensent et éprouvent réellement ceux de nos concitoyens que nous ne verrons ni ne connaîtrons jamais. Cela semble un paradoxe à une époque où la politique met en œuvre des sondages continuels, apparemment sur tous les sujets imaginables ; toutefois, comme le savent tous les politiciens et les instituts de sondage, c'est la façon dont est posée la question qui détermine la réponse. Il existe aussi de vastes zones, comme l'Amérique rurale, qui demeurent une Thulé inexplorée pour ceux qui possèdent les entreprises qui possèdent les médias qui dépensent des milliards de dollars pour faire des sondages afin de faire élire leurs juristes aux postes importants.

Ruby Ridge. Waco. Oklahoma City. Trois avertissements venant du cœur du pays que la plupart d'entre nous, habitants des villes, connaissons mal ou pas du tout. La raison de la colère des ruraux ? En 1996, il y a eu 1 471 fusions d'entreprises américaines dans l'intérêt de la « consolidation » capitaliste. C'est le plus grand nombre de fusions dans l'histoire de l'Amérique et le pic d'une tendance qui s'est développée dans l'agriculture depuis la fin des années 1970. Ce que partageaient les victimes de Ruby Ridge et de Waco, ainsi que Timothy McVeigh – qui a peut-être commis un massacre en leur nom à Oklahoma City –, c'était la conviction que le gouvernement des États-Unis était leur ennemi implacable et qu'ils ne pouvaient s'en sortir qu'en se cachant dans la nature ou en rejoignant une communauté ordonnée autour d'une figure messianique, ou encore, pour venger le meurtre commis de sang-froid par les fédéraux sur deux membres de la famille Weaver à Ruby Ridge, en faisant exploser le bâtiment abritant le bureau responsable de ces meurtres.

Pour rendre justice aux médias, ils ont été singulièrement généreux avec nous à propos des convictions religieuses et politiques des dissidents ruraux. Il existe un mouvement néo-nazi, « Aryan Nations ». Il existe un groupe de fondamentalistes chrétiens, « Christian Identity », aussi appelé « British Israelism ». Toutes ces absurdités inspirées par la Bible se sont profondément enracinées chez ceux qui ont été dépossédés de leurs terres durant la dernière génération. Inutile de dire que les démagogues chrétiens attisent les flammes de la haine raciale et du sectarisme à la télévision, et alimentent illégalement les campagnes politiques avec l'argent de leurs églises.

Les théories des complots fleurissent dans la nature comme une éclosion nocturne de démence précoce et ceux qui en sont esclaves sont invariablement la risée des... des véritables conspirateurs. Joel Dyer, dans *Harvest of Rage : Why Oklahoma City Is Only the Beginning*, a découvert quelques complots très réels, mais les conspirateurs savent bien y faire pour détourner l'attention d'eux-mêmes. Vers la drogue ? Eh bien, saviez-vous que la reine Élisabeth II est à la tête du trafic de drogue mondial ? (Si seulement la pauvre avait eu de la clairvoyance à notre époque républicaine !) Ils nous disent que la commission Trilatérale[1] est un complot communiste mondial dirigé par les Rockefeller. En réalité, la commission est un excellent raccourci pour montrer comment les Rockefeller réunissent des politiciens et des universitaires ambitieux pour servir leurs intérêts au gouvernement et en dehors. Quel que soit celui qui a fait dire à Lyndon LaRouche[2] que la Cosa Nostra des Rockefeller était en fait une couverture communiste, il a eu un éclair de génie.

Dyer a cependant découvert un véritable complot qui concerne tout le monde aux États-Unis. En ce moment, une poignée de consortiums agricoles travaillent à expulser les derniers petits fermiers américains de leurs terres en leur achetant systématiquement leurs produits moins cher que leur coût de production, les obligeant ainsi à contracter des emprunts auprès des banques des consortiums, à hypothéquer, à subir des saisies et à vendre leurs terres à l'industrie agricole contrô-

1. L'Organisation semi-officielle créée en 1973 et composée de personnalités de la finance et de la politique, d'universitaires, de responsables syndicaux et de journalistes provenant des États-Unis, d'Europe et du Japon. David Rockefeller en est l'un des inspirateurs et fondateurs *(N.d.T.)*.

2. Plusieurs fois candidat à la Maison-Blanche pour le parti démocrate. Très critique envers les magnats de l'économie et la politique étrangère des États-Unis *(N.d.T.)*.

lée par les grandes entreprises. Mais s'agit-il vraiment d'un complot ou simplement des effets darwiniens d'un marché efficace ? Pour une fois, le revolver fume encore sous la forme d'un projet expliquant comment débarrasser la nation des petits fermiers. Dyer écrit : « En 1962, le Committee for Economic Development comportait approximativement soixante-quinze des dirigeants des entreprises les plus importantes du pays. Ils ne représentaient pas seulement l'industrie alimentaire, mais aussi les industries du pétrole, du gaz, des assurances, de la finance et du commerce de détail. Presque tous les groupes qui avaient des chances de profiter du remembrement étaient représentés dans ce comité. Leur rapport (*An Adaptive Program for Agriculture*) exposait un plan pour éliminer les fermiers et les fermes. Il était détaillé et bien étudié. » Simultanément, « dès 1964, les géants de l'industrie comme Pillsbury, Swift, General Foods et Campbell Soup expliquaient aux membres du Congrès que le plus gros problème de l'agriculture était le trop grand nombre de fermiers. » En bons psychologues, les dirigeants avaient remarqué que, si on envoyait les enfants des fermiers à l'université, ils revenaient rarement dans la ferme familiale. Ou, comme l'a dit un économiste célèbre à un sénateur connu qui se plaignait du décalage horaire après une nuit de vol de New York à Londres : « Ça vaut certainement mieux que cultiver la terre. » Le comité a convaincu le gouvernement d'envoyer les enfants des fermiers à l'université. Comme on pouvait s'y attendre, la plupart ne sont pas revenus. Le gouvernement a alors proposé d'aider les fermiers à se reclasser dans d'autres activités, ce qui a permis le remembrement de leurs terres en grandes exploitations aux mains d'entreprises de moins en moins nombreuses.

Ainsi, un complot a été mis en place pour remplacer l'idéal de Jefferson, où le pivot du pays était la ferme indépendante et familiale, par une série de monopoles agro-industriels ; comme l'écrit Dyer, « entre cinq et huit entreprises multinationales tout au plus achètent et transportent, non seulement la production de céréales américaine, mais encore celle du monde entier ». En 1982, « ces entreprises contrôlaient quatre-vingt-seize pour cent des exportations américaines de blé et quatre-vingt-quinze pour cent des exportations américaines de maïs », et ainsi de suite grâce aux allées bien garnies des chaînes de supermarchés de l'élégant Gristede, du modeste Ralph's et du sympathique Piggly Wiggly.

Le remembrement a-t-il été profitable au consommateur ? Dans l'ensemble, non. Les monopoles ne permettent pas les bonnes affaires et n'ont pas besoin de trop s'inquiéter de la qualité, car nous n'avons pas d'alternative à ce qu'ils proposent. Il va sans dire qu'ils sont hostiles aux syndicats et indifférents aux conditions de travail de fermiers jadis indépendants et devenus des employés sous-payés. Ceux d'entre nous qui ont grandi dans les États-Unis d'avant-guerre ont connu le sandwich au vrai jambon. Depuis le remembrement, le jambon est devenu tellement caoutchouteux qu'il n'a plus aucun goût et que sa consistance ressemble à du plastique rose. Pourquoi ? Dans les grandes porcheries, le porc reste debout au même endroit toute sa vie. Comme il ne fouille pas la terre, et qu'il ne bouge même pas, il ne développe pas de résistance naturelle aux maladies. Cela veut dire qu'une grande quantité de médicaments est injectée dans le corps du prisonnier jusqu'à sa mort et sa transformation en jambon immangeable.

Dans l'ensemble, les lois antitrust de Sherman sont caduques depuis longtemps. Aujourd'hui, trois entreprises contrôlent quatre-vingts pour cent du marché du bœuf conditionné. Comment cela est-il arrivé ? Pourquoi les fermiers dépossédés n'ont-ils pas de représentants au Congrès vers qui se tourner ? Pourquoi les consommateurs sont-ils contraints d'accepter des prix mystérieux pour des produits de qualité inférieure à ceux de jadis ? La réponse de Dyer est simple mais elle s'impose. Grâce à leurs groupes de pression, les dirigeants des grandes entreprises, qui ont élaboré le « Adaptive Program » pour l'agriculture, possèdent, louent ou simplement intimident les membres du Congrès et les présidents, tandis que les tribunaux sont présidés par les anciens membres de leurs groupes de pression, réservoir inépuisable de serviteurs en col blanc puisque deux tiers des juristes que compte notre petite planète sont américains. Finalement, le peuple en général n'est pas représenté au gouvernement, alors que les grandes entreprises le sont à profusion.

Que faut-il faire ? D'après Dyer, une seule chose peut fonctionner : la réforme du financement des élections. Toutefois, ceux qui profitent du système actuel ne voteront jamais des lois qui les chasseraient du pouvoir. Les villes et les villages continuent donc à péricliter entre la frontière du Canada et celle du Mexique, et la population rurale dépossédée est en proie au désespoir ou à la colère. Cela explique le ton apocalyptique de nombreux articles de journaux et d'analyses qui rendent compte ces temps-ci, avec horreur et fascination, de l'aliénation de groupes de plus en plus nombreux à l'intérieur des États-Unis.

L'*Encyclopaedia Britannica* étant britannique et non américaine, il n'est pas surprenant que l'article *Bill of Rights, United States* ne fasse pas plus d'une colonne, comme son voisin sur la même page *Bill of Sale*, document manifestement plus important pour les compilateurs insulaires. Ils nous disent pourtant que les racines de nos Droits plongent dans la Magna Carta et que la genèse de la Déclaration des droits, les dix amendements ajoutés à notre Constitution en 1791, est en grande partie l'œuvre de James Madison qui, à son tour, a repris la *Declaration of Rights* proclamée en Virginie en 1776. Tout d'abord, les dix amendements n'étaient applicables aux citoyens américains qu'en tant que citoyens des États-Unis et non de Virginie ou de New York, où les lois de l'État pouvaient primer selon les « droits des États », comme le prévoit le dixième et dernier des amendements originaux. Il a fallu attendre 1868 pour que le quatorzième amendement interdise aux États d'édicter des lois contraires au texte d'origine. Ainsi, tout citoyen des États-Unis s'est vu garantir, dans l'État où il vivait, la liberté « de parole et de presse et le droit de réunion et de pétition, ainsi que la liberté de religion ». Apparemment, c'est Charlton Heston qui a rapporté du mont DeMille le second amendement, en même temps que des revolvers et les Uzis qui aiment bien les enfants. À l'origine, le droit de port d'armes pour les milices de citoyens avait pour but d'empêcher la formation d'une armée de métier fédérale ou propre à l'État, ainsi que tous les maux qu'un État armé peut causer aux gens qui ne veulent pas vivre à l'ombre d'un fusil, mais paisiblement, de leur côté, au sommet de quelque Ruby Ridge boisé.

Actuellement, le quatrième amendement est en cours de désintégration, pour cause de « nécessité militaire » – langage constitutionnel employé par Lincoln pour faire la guerre civile, suspendre l'*habeas corpus*, réduire au silence les journaux et libérer les esclaves du Sud. Le quatrième amendement garantit que « le droit des citoyens d'être garantis dans leurs personne, domicile, papiers et effets, contre les perquisitions et saisies non motivées ne sera pas violé, et aucun mandat ne sera délivré, si ce n'est sur présomption sérieuse, corroborée par serment ou affirmation, ni sans qu'il décrive particulièrement le lieu à fouiller et les personnes ou les choses à saisir ».

Le quatrième amendement est la principale défense du peuple contre un gouvernement totalitaire ; cette défense est aujourd'hui quotidiennement violée dans les faits et par la loi.

Dans son ouvrage de 1994, *Lost Rights*, James Bovard a constitué un solide dossier sur la façon dont ceux qui sont chargés d'appliquer la loi de notre pays dans les guerres jamais gagnées contre la drogue et le terrorisme se comportent dans leur lutte quotidienne contre les citoyens américains chez eux et dans leur voiture, dans les bus et les avions et, en fait, chaque fois qu'ils peuvent les attraper, par tous les moyens ou par surprise. La nécessité militaire est un concept un peu trop intellectuel pour que les fonctionnaires d'aujourd'hui, qu'ils dépendent d'un gouvernement fédéral ou de celui d'un État, puissent justifier leurs entrées par effraction en pleine nuit, en général sans préavis ni mandat, dans le but de terroriser les infortunés résidents. Ces assauts et ces saisies illicites sont souvent justifiés par l'existence éventuelle de toilettes avec chasse d'eau dans les locaux désignés. (Si les soldats de la lutte antidrogue ne prennent pas les toxicomanes vraiment par surprise, ceux-ci font disparaître les preuves dans les toilettes.) C'est tout à fait intolérable pour ceux qui veulent à tout prix que nous soyons obéissants et exempts de péchés. Ainsi, au nom de la modeste invention de sir Thomas Crapper[1],

1. Inventeur présumé, vers 1890, des W.-C. *(N.d.T.)*.

ils suspendent le quatrième amendement et triomphent.

1992. Bridgeport, Connecticut. Le *Hartford Courant* a signalé que l'équipe du Tactical Narcotics local dévastait régulièrement les domiciles et les lieux de travail qu'il « perquisitionnait ». Des policiers en civil ont fait irruption dans l'épicerie et le restaurant d'un Jamaïcain au cri joyeux de : « Les mains en l'air, négros ! Ne bougez pas ! » Les étagères ont été nettoyées, la marchandise perdue. « Ils ne se sont jamais présentés comme étant de la police », a relevé le *Courant*. Bien qu'ils n'aient rien trouvé d'autre qu'une arme déclarée, le propriétaire a été arrêté, accusé d'avoir « entravé une arrestation » et sanctionné. Un juge a rendu par la suite une décision de non-lieu. Bovard raconte : « En 1991, à Garland, au Texas, des policiers en noir et portant des lunettes noires ont fait irruption dans une caravane, ont brandi des revolvers et ont démoli la porte de la chambre où Kenneth Baulch dormait à côté de son fils de dix-sept mois. Un policier a prétendu que Baulch constituait une menace mortelle, car il tenait un cendrier dans la main gauche, ce qui explique pourquoi il lui a tiré dans le dos et l'a tué. (Une enquête interne de la police a conclu que le policier n'avait pas commis de faute.) En mars 1992, une équipe SWAT de la police a tué Robin Pratt, une mère de famille, à Everett, dans l'État de Washington, après s'être introduite sans frapper avec un mandat d'arrêt contre son mari. (Le mari a été relâché par la suite, quand les allégations sur lesquelles le mandat d'arrêt avait été émis se sont révélées fausses.) » Soit dit en passant, cette tactique du KGB – détenir quelqu'un pour un crime, mais le laisser partir s'il dénonce quelqu'un d'autre pour un crime plus grave, méthode appelée aussi justice à la Starr – conduit souvent à des accusations sans fondement, voire faites au hasard, à partir desquelles il ne faudrait pas agir de façon aussi meurtrière sans quelques recherches préalables. Le *Seattle Times* raconte les derniers moments de Robin Pratt. Elle se trouvait avec sa fille de six ans et sa nièce de cinq ans quand les policiers ont fait irruption. Pendant que Aston, le soldat d'assaut le plus courageux, s'approchait d'elle, revolver au poing, l'autre policier a crié : « "Baissez-vous", et elle s'est mise à genoux. Elle a regardé Aston et a dit : "Je vous en prie, ne faites pas de mal à mes enfants..." Aston la tenait en joue et il a tiré, la touchant au cou. D'après [l'avocat de la famille Pratt, John] Muenster, elle a vécu encore une ou deux minutes, mais elle ne pouvait pas parler, car la balle lui avait déchiqueté la gorge. Elle était menottée, face contre terre. » Aston avait probablement peur d'une résurrection et d'une vengeance divines. Ce n'est un secret pour personne que les policiers américains respectent rarement les lois du pays lorsqu'ils font des descentes d'une rare violence et, comme vous le dira n'importe quel juge candide de la cour pénale, le parjure est souvent leur langue maternelle au tribunal.

Le fisc [IRS : Internal Revenue Service] a fait dernièrement l'objet d'un examen pour avoir enfreint non seulement le quatrième mais aussi le cinquième amendement. Le cinquième amendement exige une mise en accusation par le grand jury lors des poursuites judiciaires pour crimes capitaux. Il stipule également que personne ne sera contraint de témoigner contre soi-même, interdit la confiscation de la vie, de la liberté ou des biens sans procédure légale appropriée, et la confiscation des biens privés pour en faire un usage public sans dédommagement.

Au fil des ans, pourtant, le fisc, toujours secret, a saisi des biens à droite et à gauche, sans adresser ne serait-ce qu'une carte postale au grand jury le plus proche, et sans que la procédure légale ne constitue même un concept dans sa recherche acharnée du butin. Bovard écrit :

> Depuis 1980, le nombre de prélèvements – saisies sur comptes bancaires ou sur salaire par le fisc – a été multiplié par quatre et a atteint 3 253 000 dollars en 1992. En 1990, le General Accounting Office (GAO) a estimé que le fisc impose plus de 50 000 saisies erronées ou injustifiées par an aux citoyens et aux entreprises. Le GAO a estimé que presque six pour cent des prélèvements du fisc sur les entreprises sont erronés... Le fisc impose presque un million et demi de droits de gage par an, chiffre qui a augmenté de deux cents pour cent depuis 1980. En 1990, le magazine *Money* a réalisé une étude portant sur cent cinquante-six contribuables qui s'étaient vu imposer par le fisc des droits de gage sur leurs biens. Il a découvert que trente-cinq pour cent des

contribuables n'avaient pas reçu le préavis de trente jours notifiant l'intention du fisc d'imposer des droits de gage ; en outre, certains n'ont appris l'existence des droits de gage que quand le magazine les a contactés.

La Cour suprême actuelle n'a pas montré beaucoup d'intérêt à réfréner une agence fédérale aussi puissante et clandestine que le fisc qui enfreint sans cesse les quatrième, cinquième et quatorzième amendements. Bien entendu, cette cour est avant tout autoritaire et se délecte de l'exercice du pouvoir de l'État. Ses membres les plus vifs montrent beaucoup d'esprit quand il s'agit de consulter les arcanes pour comprendre exactement ce que les Pères fondateurs avaient en tête ; ils ne tiennent pas compte de la façon très claire dont Mason, Madison et compagnie ont énoncé les principes absolus qui font qu'on ne peut pas s'emparer des biens de quelqu'un sans aller d'abord devant un grand jury et le déclarer coupable d'un crime, comme l'exige la loi. Sur ces questions, l'intention originelle sacrée est si claire que la cour préfère chercher ailleurs de quoi s'amuser. Des voix isolées se font parfois entendre au Congrès à ce sujet. En 1993, le sénateur David Pryor a estimé que ce serait bien si le fisc avisait les agences de crédit, une fois la preuve faite que l'agence avait à tort exercé des droits de gage sur les biens d'un contribuable, anéantissant ainsi ses possibilités de crédit futures. Le fisc a commencé à pleurnicher. Une telle exigence donnerait beaucoup trop de travail à ses employés exténués.

Le code des lois fiscales aux États-Unis comportant quelque neuf mille pages, les fiscalistes eux-mêmes ont tendance à s'embrouiller et n'importe quel inspecteur Javert du fisc peut donc trouver des imperfections à pratiquement toutes les conclusions portant sur ce que doit la famille X. En fin de compte, ce n'est pas tant un bureau hargneux qui est en faute que le système fiscal tel qu'il est imposé par les membres clés du Congrès afin d'exempter d'impôts leurs amis et leurs donateurs. Le fisc a assurément des raisons légitimes de se plaindre de ses maîtres théoriques du Congrès. En 1989, Robert LeBaube, directeur des services des contribuables au fisc, a déclaré : « Depuis 1976, cent trente-huit lois sont venues modifier le code des impôts. Depuis le Tax Reform Act de 1986, treize lois ont modifié le code et, rien qu'en 1988, sept lois l'ont affecté. » Comme le signale Bovard sans l'expliquer : « La loi fiscale est simplement la dernière interprétation créative donnée par les fonctionnaires du gouvernement du bourbier qu'est la législation fiscale promulguée par le Congrès. Les fonctionnaires du fisc peuvent mettre cinq, sept ans ou plus pour rédiger les réglementations rendant effective une nouvelle loi fiscale – néanmoins, le Congrès change sans cesse la loi avant la promulgation des nouvelles réglementations. Presque toutes les lois fiscales sont provisoires – soit en attente de révision en fonction du dernier projet de loi fiscale, soit déjà proposées pour une modification dans la prochaine loi fiscale. »

Que signifient toute cette agitation et toute

cette confusion ? Les grandes entreprises ont envoyé leurs juristes au Congrès afin qu'ils votent des lois spéciales exemptant leurs bénéfices d'impôts malvenus : cela se fait au moyen de lois fiscales sans cesse plus complexes – inextricables même – qui doivent toujours être provisoires, car une autre grande entreprise aura fatalement besoin d'une exemption spéciale sous forme d'un projet de loi particulier rajouté au Arbor Day Tribute. Les sénateurs qui font économiser des millions d'impôts aux grandes entreprises n'auront pas à passer trop de temps au téléphone à mendier leur contribution quand le moment viendra pour eux – ou elles, bien sûr – de se présenter de nouveau aux élections. À moins – rêve impossible – de réduire de quatre-vingt-dix pour cent le coût des élections et de limiter à huit semaines les campagnes électorales. À moins de rendre gratuite la télévision nationale pour les candidats nationaux et la télévision régionale pour les candidats régionaux (comme le font les pays civilisés), il n'y aura jamais de réforme fiscale. En attendant, les taupes du fisc, bien conscientes de la corruption profonde et impunie de leurs maîtres du Congrès, persécutent les citoyens impuissants et démoralisent ainsi le pays.

Il est tout à fait pertinent que le mot « terroriste » (d'après l'*Oxford English Dictionary*) ait été créé pendant la Révolution française pour décrire « un partisan ou un défenseur des Jacobins préconisant et pratiquant des méthodes de répression sectaire et des effusions de sang pour propager les principes de la démocratie et de l'égalité ». Bien que nos dirigeants aient repris le terme pour décrire les ennemis sanguinaires des États-Unis, la plupart des véritables terroristes d'aujourd'hui se trouvent à l'intérieur de notre gouvernement, qu'il soit fédéral, relatif aux États ou municipal. Le Bureau of Alcohol, Tobacco and Firearms (dit ATF), la Drug Enforcement Agency, le FBI, le fisc, etc., sont autant de Jacobins en guerre contre la vie, la liberté et les biens de nos citoyens. Le massacre des innocents de Waco, perpétré par le FBI, a été un modèle d'action jacobine. Un chef religieux un peu fou nommé David Koresh a fondé une communauté avec quelques centaines de disciples – des hommes, des femmes et des enfants. Koresh prêchait la fin du monde. À divers titres, l'ATF et le FBI ont trouvé en lui l'ennemi idéal à persécuter. Il a été accusé d'un grand nombre de crimes non prouvés, dont le grand favori de la décennie, la pédophilie, et il n'a jamais pu bénéficier d'une procédure légale qui aurait permis de déterminer s'il était innocent ou coupable. David Kopel et Paul H. Blackman ont écrit le rapport le meilleur et le plus détaillé sur la guerre menée actuellement par le gouvernement américain contre ses malheureux citoyens, *No More Wacos : What's Wrong with Federal Law Enforcement and How to Fix It.*

Ils décrivent pour commencer le harcèlement de Koresh et de son groupe religieux, les davidiens, qui s'occupaient des affaires du Seigneur dans leur communauté, puis la façon dont les médias ont fait de Koresh un démon ; enfin, le 28 février 1993, l'attaque de la communauté : soixante-seize agents ont pris d'assaut les bâtiments de la communauté abritant cent vingt-sept hommes, femmes et enfants. Quatre agents et six davidiens ont été tués. On a accusé Koresh de détention illégale d'armes à feu, alors qu'il avait auparavant invité les agents chargés d'appliquer la loi à inspecter dans sa communauté ses armes et leur numéro d'enregistrement. Grâce au *Freedom of Information Act*, Kopel et Blackman ont découvert que, depuis le début de ce qui devait devenir un siège puis une « entrée dynamique » (jargon militaire signifiant tir tous azimuts et massacre), l'ATF avait suivi en secret, auprès de l'armée des États-Unis, une formation poussée sur les attaques terroristes, bien que la *Posse Comitatus Law* de 1879 interdise le recours aux troupes fédérales pour l'application de la loi aux civils. Comme tant de nos lois, dans l'intérêt de la lutte contre la drogue, cette loi peut être suspendue si la *Drug Enforcement Agency* demande à l'armée de combattre le péché. Koresh a été secrètement accusé par l'ATF de produire des amphétamines qu'il importait du Mexique voisin, à cinq cents kilomètres au sud. SOS ! L'armée doit prêter main-forte. Elle l'a fait, bien que les accusations contre Koresh, qui détestait la drogue, fussent fausses. La destruction des davidiens avait donc cessé d'être une affaire civile à laquelle la Constitution est censée s'appliquer. Elle est devenue une question de nécessité militaire grave. D'où l'attaque au gaz CS (un gaz pour lequel les États-Unis venaient de signer un traité dans lequel ils juraient de ne jamais l'utiliser durant une guerre), le 19 avril 1993, suivie par l'action des blindés enfonçant les bâtiments où vingt-sept enfants étaient en danger. Et pour finir, un splendide incendie a détruit la communauté et en même temps David Koresh, pas encore accusé ni jugé. Le procureur général Janet Reno s'en est attribué le mérite et la « responsabilité » ; elle a comparé le président et elle-même à deux généraux de la Seconde Guerre mondiale ne pouvant exercer une surveillance continuelle... genre de déclaration que les vétérans de la Seconde Guerre mondiale appellent ouvrir le parapluie.

Quoi qu'il en soit, Mme Reno a présidé au plus grand massacre d'Américains par les fédéraux américains depuis les feux d'artifice de Wounded Knee en 1890. Quatre-vingt-deux davidiens sont morts à Waco, dont trente femmes et vingt-cinq enfants. Nos Jacobins seront-ils un jour battus comme l'ont été les Jacobins français ? Ah... La suppression délibérée d'éléments de la Déclaration des droits (*de jure* et non *de facto* comme c'est le cas quand la police décide de se déchaîner, enfreignant les lois et brisant les têtes) apparaît dans les décisions ahurissantes des tribunaux secondaires selon lesquels la Cour suprême préfère ne pas se conformer à la Déclaration des droits. Il est de notoriété publique que la *Drug Enforcement Agency* et le fisc sont des voleurs invétérés de la propriété privée sans procédure légale, ni réparation ou remboursement de la personne qui a été volée par l'État mais n'a pas commis de crime. Actuellement, d'après Kopel et Blackman, les lois des États-Unis et de certains États fonctionnent ainsi : quand un policier a l'autorisation, avec ou sans approbation judiciaire, d'enquêter sur un crime éventuel, il peut saisir et conserver autant de biens en rapport avec le criminel présumé qu'il lui semble nécessaire. Bien que la confiscation des biens soit fondée sur le fait que ces biens ont servi au crime, il n'est pas nécessaire que leur propriétaire soit déclaré coupable de ce crime. Le fait que la personne soit acquittée du crime sur lequel était fondée la saisie, ou n'ait jamais été inculpée d'une faute, n'a aucun rapport. Manifestement, le juge Kafka était président de la cour en 1987 (*United States versus Sandini*) quand cette formule aberrante autorisant le vol par la police est devenue loi : « L'innocence du propriétaire est sans rapport », a déclaré la cour. « Il suffit que les biens aient été impliqués dans une infraction nécessitant la confiscation. » Cela signifie-t-il que quelqu'un qui n'a pas commis de crime, mais peut le faire un jour, ne parviendra pas à récupérer ses biens parce que *U.S. v. Sandini* affirme aussi avec fermeté : « La charge de la preuve incombe à la partie revendiquant la propriété des biens » ?

Ce type de situation est particulièrement intéressant pour la brigade antidrogue, car, selon l'ancien procureur général Richard Thornburgh, plus de quatre-vingt-dix pour cent des billets américains en circulation comportent des traces de drogue ; cela signifie que toute personne ayant sur elle mille dollars en espèces peut être accusée de posséder de « l'argent de la drogue », qui doit être saisi pour être analysé et, d'une façon ou d'une autre, jamais rendu à son propriétaire si le policier astucieux connaît bien son *Sandini*.

Dans tout le pays, des tests antidrogue sont pratiqués dans les lycées sur des sportifs choisis, tandis que des fouilles aléatoires sont effectuées dans la classe. D'après Bovard, le 8 mars 1991, au lycée Sandburgh de Chicago, deux professeurs (leur sexe n'est pas communiqué, de sorte que les pornographes mentaux peuvent ajouter les détails qu'ils veulent) ont repéré un garçon de seize ans en jogging. Leurs deux paires d'yeux se sont mises à briller, en alerte ; ils se sont intéressés à son entrejambe qui, à leur avis, « semblait "trop bien garni" ». Il a été emmené dans un vestiaire et déshabillé. On n'a pas trouvé de drogue, seulement un scrotum non standard. On l'a laissé partir, car il n'existe pas encore de loi pénalisant un adolescent mieux monté que ses professeurs. Le garçon et sa famille ont porté plainte. Le juge ne s'est pas montré compréhensif. Il a déclaré que les professeurs « avaient fait tout ce qu'ils pouvaient pour que l'intimité du plaignant ne soit pas entamée ». Le juge Kafka ne dort jamais.

Bien que la drogue soit immorale et ne doive pas être mise à la portée des jeunes, des milliers d'écoles font pression sur les parents pour qu'ils donnent de la Ritaline à tout enfant turbulent qui pourrait, raisonnablement, montrer des signes d'ennui en classe. La Ritaline rend les enfants dociles, pour ne pas dire comateux. Effets secondaires ? « Croissance ralentie, tics du visage, agitation et agressivité, insomnie, perte d'appétit, maux de tête, maux d'estomac et crises. » La marijuana serait beaucoup moins nocive.

L'attentat de l'Alfred P. Murrah Federal Building à Oklahoma City, qui n'est pas sans rappeler Pearl Harbor, a constitué un grand choc pour tout le pays et, on l'espère, une sorte d'avertissement au peuple américain que tout ne va pas bien chez nous. Comme toujours, les médias ont réagi de la seule manière qu'ils connaissent. Du jour au lendemain, un certain Timothy McVeigh est devenu la personnification du mal. De la malveillance gratuite. Il y a eu les spéculations habituelles sur des complices éventuels. Des ploucs mal dégrossis. Mais un seul autre cinglé a été désigné, Terry Nichols ; il a été déclaré coupable de « conspiration » avec McVeigh, mais il n'était pas sur le lieu du massacre.

Un journaliste, Richard A. Serrano, vient de publier *One of Ours : Timothy McVeigh and the Oklahoma City Bombing*. Comme tout le monde, je le crains, cette histoire me rendait malade. Rien ne peut justifier la mort de cent soixante-huit hommes, femmes et enfants dont aucun, d'après ce que nous savons, n'avait le moindre lien avec le massacre fédéral de Waco, raison apparente de la fureur de McVeigh. Alors, pourquoi avoir écrit ce livre ? Serrano n'éprouve assurément pas de sympathie pour McVeigh, mais il réussit à le rendre crédible dans un livre inquiétant et fascinant.

McVeigh, né en 1968, est issu d'une famille rurale, plus ou moins dépossédée à la génération précédente. Son père, Bill, a servi dans l'armée. Sa mère travaillait. Ils vivaient à Pendleton, ville ouvrière à l'ouest de l'État de New York. Bill fait pousser des légumes, travaille à l'usine General Motors de la région, est membre de l'Église catholique. Il dit de la région : « Quand j'étais petit, il y avait des fermes partout. Quand Tim était petit, c'était moitié moitié. »

Tim se révèle être un garçon singulièrement intelligent et curieux. Il travaille bien au lycée. Comme l'a souligné son avocat, c'est « un animal politique ». Il lit des livres d'histoire, la Constitution. Il a aussi, depuis toujours, la passion des armes à feu, bonne raison pour entrer dans l'armée. Dans la guerre du Golfe de Bush, il a reçu plusieurs décorations comme soldat d'infanterie ; c'est un soldat dans l'âme. Mais la guerre lui a ouvert les yeux, comme c'est souvent le cas pour ceux qui la font. Plus tard, il a écrit à un journaliste : « On nous montait la tête avec des mensonges. » Les médias exagéraient tellement en faisant rituellement de Saddam, des Arabes et des Irakiens des démons que, en arrivant en Irak, McVeigh a été surpris de « découvrir qu'ils étaient aussi normaux que vous et moi. On vous monte la tête pour les anéantir. On nous a dit qu'il fallait défendre le Koweït où des gens avaient été violés et assassinés. La guerre m'a ouvert les yeux. »

Comme toujours, il y avait des lois sévères pour empêcher les soldats américains de fraterniser avec l'ennemi. McVeigh a écrit à un ami : « Il y a des gosses affamés et parfois des adultes qui viennent vers nous pour mendier de quoi manger... C'est vraiment "éprouvant" et émouvant. C'est comme un chiot à table, mais bien pire. Plus vite nous partirons, mieux ce sera. Je comprends comment les types du Vietnam se faisaient tuer par des enfants. » Serrano observe : « À la fin de la guerre, une guerre très populaire, McVeigh avait appris qu'il n'aimait pas tuer des gens innocents. Il crachait dans le sable à l'idée d'être obligé de faire du mal à des gens qui ne le haïssaient pas plus qu'il ne les haïssait. »

L'armée et McVeigh se sont séparés une fois la guerre terminée. Il a travaillé à droite et à gauche. Il s'est intéressé aux théories paranoïaques de l'extrême droite et à ce que Joel Dyer appelle « la religion du complot ». Un copain de l'armée, Terry Nichols, lui servait de guide. Ensemble, ils se sont procuré un livre, *Privacy,* sur la façon de disparaître à la vue du gouvernement, de devenir clandestin et de fabriquer des armes. D'autres ont fait la même chose, comme la famille Weaver qui a déménagé dans un coin reculé de l'Idaho, Ruby Ridge. Randy Weaver était un séparatiste blanc excentrique et appartenait à la Christian Identity. Il voulait vivre avec sa famille à l'écart du reste de l'Amérique. C'était un défi au FBI. Weaver ne s'est pas présenté au tribunal pour répondre d'une accusation mineure dans une affaire d'armes à feu et, le 21 août 1992, la police est allée le mettre sous surveillance. Le chien des Weaver a aboyé et les policiers l'ont abattu. Le fils des Weaver, âgé de quatorze ans, a tiré dans leur direction ; ils lui ont logé une balle dans le dos et l'ont tué. Mme Weaver, un bébé dans les bras, est venue à la porte et Lon Horiuchi, le tireur embusqué du FBI, lui a tiré une balle dans la tête. L'année suivante, les fédéraux ont massacré les davidiens.

Pour Timothy McVeigh, l'ATF était devenu le symbole de l'oppression et de l'assassinat. Souffrant d'un sens de la justice exacerbé, trait de caractère peu répandu en Amérique, il est parti en guerre tout seul et a fini par massacrer plus d'innocents que les fédéraux à Waco. Savait-il ce qu'il faisait quand il a fait sauter l'Alfred P. Murrah Federal Building à Oklahoma City parce qu'il abritait le bureau détesté ? McVeigh a gardé le silence tout au long de son procès. Enfin, au moment où il allait être condamné, la cour lui a demandé s'il voulait parler. Il l'a fait. Il s'est levé et il a dit : « Je voudrais citer les mots de désaccord du juge Brandeis dans *Olmstead*. Il a écrit : "Notre gouvernement est notre maître puissant et omniprésent. Pour le bien et pour le mal, il éduque tout le peuple par son exemple." » Après quoi, McVeigh a été condamné à mort par le gouvernement.

Ceux qui étaient présents ont été très troublés par la citation de McVeigh. Comment le diable pouvait-il citer si candidement un juge ? Je le soupçonne de l'avoir fait dans l'esprit de Iago répondant à Othello qui lui demandait pourquoi il avait agi ainsi : « Ne me demande rien, tu sais ce que tu sais, à partir de maintenant, je ne dirai plus un mot. » Maintenant nous savons, nous aussi ; ou, comme disait mon grand-père, là-bas dans l'Oklahoma : « Chaque crêpe a deux côtés. »

Vanity Fair
Novembre 1998

Les nouveaux théocrates

Le 18 juin 1997 restera comme un jour de plus marqué par l'infamie dans l'histoire du *Wall Street Journal*, ou TWMIP, « The World's Most Important Publication » (la publication la plus importante du monde), comme il se définit lui-même – ne se doutant absolument pas à quel point ce journal joyeusement néo-fasciste demeure inconnu pour la majorité des Américains, sans parler des milliards d'individus qui vivent dans les ténèbres, là où les éclairs sulfureux de la feuille de chou de Wall Street ne sont rien d'autre que des gaz des marais provenant des frontières reculées de l'empire loufoque. Le 18 juin, le TWMIP a acheté un espace dans le *New York Times*, journal qui n'imprime que les informations qui ne diffèrent pas trop de son esprit. L'article reprenait un éditorial du TWMIP intitulé « Moralité moderne », sujet que j'aurais cru étranger aux passions des deux journaux. Cependant, pour les Américains, la moralité n'a aucun rapport avec l'éthique, le bien ou avec quiconque vole l'argent et – les libertés – de qui. La moralité c'est le SEXE, le SEXE, le SEXE.

L'introduction de l'éditorial est chaude : « La même semaine où un général de l'armée ayant à son actif cent quarante-sept missions de combat au Vietnam » (vous souvenez-vous de la *Vraie* Bonne Guerre, qui a tant fait pour le Dow Jones ?) « a terminé sa carrière à cause d'une affaire d'adultère vieille de treize ans » (TWMIP est en terrain solide, ni le général, ni la dame, ni aucun soldat ne devrait être puni pour un adultère n'ayant pas eu lieu pendant un tour de garde lors d'une attaque ennemie), « l'information nous est parvenue » – j'adore cette expression dans un journal aux opinions affirmées et aux si rares informations – « qu'une fille du New Jersey a donné naissance à un bébé dans les toilettes pendant le bal de fin d'année de son lycée ; elle a mis le bébé à la poubelle, est sortie et a demandé au DJ une chanson de Metallica – pour son petit ami. Le bébé est mort. »

Trompé par le mot « fille », je me suis imaginé une gamine paniquée et à peine pubère. Mais quelques jours plus tard, quand une certaine Melissa Drexler a été accusée de meurtre, le *Times* l'a qualifiée avec justesse de « femme de dix-huit ans ». Sur une photographie publiée récemment où elle apparaît au bal aux côtés de son amant, le couple semble avoir environ trente ans. Mais cela arrangeait TWMIP de présenter Mlle Drexler sous la fausse apparence d'une jeune fille innocente de plus, corrompue par le laisser-faire des « valeurs » américaines libérales, si différent du laisser-faire capitaliste, le bien incontestable.

Tant de « chaos moral », se lamente le journaliste. Je dirais qu'il ne s'agit en fait que de la stupidité américaine vieux jeu qui fait qu'une majorité abrutie par la religion est cyniquement aiguillonnée par l'ordre établi dont la voix la plus fanatique est le *Wall Street Journal*.

« Nous n'avons pas de bons conseils à donner sur la façon dont le pays peut se dégager rapidement du bourbier du désordre sexuel... » Vous pouvez le répéter et, bien sûr, vous le ferez. Alors, plutôt que de donner de mauvais conseils, arrêtez donc d'acheter des espaces pour rejeter la faute sur ceux qu'on appelle les Libéraux. Dans un pays également divisé entre réactionnaires politiques et fanatiques religieux, je ne vois guère plus de libéraux que de beurre en branche – pas même sur un buisson ardent. Le journaliste fait cependant bien comprendre que le général proscrit a été traité injustement, tandis que la « fille » avec le bébé est une statistique à exploiter par les journalistes de droite, eux-mêmes souvent pas très éloignés des groupes odieux qui écoutent Metallica et jettent les bébés dans les cabinets, situation difficile qui aurait pu être évitée par l'usage, disons-le, d'un préservatif au moment où la « fille » et le « garçon » faisaient l'amour.

Mais non. On nous assure que le chaos moral est le résultat de l'éducation sexuelle et du fait d'avoir « inondé », comme le dit l'annonce, « le bourbier » de « préservatifs, distribués depuis environ cinq ans par les adultes dirigeant nos lycées... ou par des machines placées, par hasard, dans les toilettes ». Vraisemblablement, le confessionnal serait un lieu de rencontre plus approprié, s'il était autorisé. Ainsi, d'un côté il est mal, et nous sommes tous d'accord, pour une femme de mettre au monde un bébé et de l'abandonner, mais il est mal, également, pour d'obscures raisons métaphysiques, de faire en sorte d'empêcher qu'une telle naissance ait lieu. Il n'y a pas de relation de cause à effet quand ces oies commencent à crier. Naturellement, TWMIP a son propre programme : hors du mariage, pas de relations sexuelles pour les classes inférieures et surveillance étroite pour tout le monde, y compris les généraux et les gens vraiment bien, grâce aux mêmes libéraux qui maintenant « n'interdisent rien et punissent tout ». C'est un raisonnement sans queue ni tête.

Le code raisonnable que tout le monde observe (sauf quelques fondamentalistes monothéistes juifs, chrétiens et musulmans) est que les relations sexuelles « consensuelles » ne concernent pas l'État. Les États-Unis ont toujours été à la traîne dans ce domaine, en partie à cause des origines puritaines du pays et en partie parce que les structures sociales établies par des millénaires de vie familiale et rurale ont été rudement remises en question il y a à peine un siècle par la révolution industrielle, le développement des villes et, récemment, par le monde tertiaire post-industriel dans lequel la prostitution « sans danger » aurait dû être, désormais, un joyau brillant.

Bien que le « verbiage » (mot qu'affectionne la droite) de l'annonce du *Times* soit un ramassis de divagations qui ne doivent pas être prises au sérieux, l'esprit qui se cache derrière ces bêtises est d'une intéressante hypocrisie. La moralité n'intéresse pas TWMIP. En fait, toute entreprise qui peut augmenter ses bénéfices trimestriels en empoisonnant une rivière mérite qu'on en prenne soin. Mais l'article reflète un certain malaise du fait que le peuple dans son ensemble, et de façon plus évidente à travers le sexe, essaie peut-être de s'affranchir de ses maîtres, dont les interdits deviennent plus insolents et plus exigeants – une grève et vous êtes viré, tel est leur vilain petit secret. Au milieu du salmigondis verbal, le journal en vient presque au fait : « Très simplement (*sic*), ce que nous suggérons ici est que le code de comportement sexuel aux États-Unis, autrefois fixé par la religion établie, permettait de maintenir plus ou moins la société en bonne santé, à la différence de la catastrophe actuelle manifeste. » Nous y voici. Où est Norman Lear, le créateur de *Mary Hartman, Mary Hartman*, maintenant qu'on a besoin de lui ? Imaginez sur l'écran un bâtiment en planches grises, un ciel couleur d'ardoise et une musique sinistre. Une femme à la voix plaintive crie « Hester Prynne, Hester Prynne[1] ! » et un « A » écarlate et palpitant remplit l'écran.

Tellement à l'arrière-garde qu'il est souvent à

1. Personnage principal de *La Lettre écarlate*, de Nathaniel Hawthorne, condamné à porter toute sa vie la lettre A (comme Adultère) cousue sur la poitrine *(N.d.T.)*.

l'avant-garde, TWMIP est effectivement sur une piste. Bien qu'à mon avis personne à la rédaction n'ait jamais entendu parler de Vico, homme de lettres napolitain du XVIIIe siècle, nos lecteurs se souviennent que Vico, à partir des œuvres de Platon, a défini différentes phases de l'évolution de la société humaine : le chaos, la théocratie, l'aristocratie et la démocratie. Mais comme les républiques ont tendance à devenir impérialistes et tyranniques, elles s'effondrent et nous revenons au chaos, puis à la théocratie et un nouveau cycle commence. Actuellement, les États-Unis constituent une république impérialiste modérément chaotique qui cherche la sortie ; ce n'est pas une mauvaise chose, sauf en cas d'éruption violente du chaos qui nous apporterait une nouvelle ère religieuse. Toute personne qui s'est un jour souciée de notre vieille république, peu importe si elle a toujours été entachée d'exubérance religieuse, ne peut pas *ne pas* préférer le chaos à la dure autorité des théocrates. Aujourd'hui, on les voit sous leur jour le plus hideux en Israël et dans certains pays islamiques comme l'Afghanistan, etc. Heureusement, jusqu'ici, leur discipline sociale excessive ne fait pas le poids face à la soif universelle de biens de consommation, ce meilleur des mondes aux confins de la démocratie. Quant à nous, Américains, nous gardons toujours la maison contre nos propres mantes religieuses – pour la plupart des fondamentalistes chrétiens encouragés par un capitalisme sauvage et décadent, esclave du totalitarisme, comme il était proclamé avec tant d'impertinence dans le *New York Times* du 18 juin 1997.

La ligne de front est désormais tracée. Au moment même où la pauvre « fille » du New Jersey donnait ses instructions au DJ, la droite chrétienne s'organisait pour combattre le laxisme dans le monde du spectacle. Le 18 juin, lors de leur convention annuelle, les baptistes du Sud ont dénoncé la société Disney et sa chaîne de télévision, ABC, pour avoir présenté une lesbienne comme un être humain, s'être délectée de la violence de *Pulp Fiction*, s'être moquée des valeurs familiales chrétiennes. Je n'ai pas vu tous les détails de la facture (une liste de plus de cent « propriétés » à boycotter a été distribuée), mais cela ressemble beaucoup à une déposition avant un procès à l'époque glorieuse de Salem. Bien que j'aie critiqué dans ces pages le cartel de Disney pour sa domination médiatique, je dois maintenant me ranger aux côtés de la pieuvre défiée.

Le moment est venu pour Disney de mettre tout le poids de sa richesse contre les baptistes ; ils ont besoin d'une leçon de droit constitutionnel qu'ils n'oublieront pas de sitôt. On devrait les traîner devant le tribunal en les accusant d'entrave au premier amendement ainsi que de restriction au commerce. Mais allons pour une fois aux racines du problème. Les exemptions d'impôts sur les revenus de toutes les Églises, qu'il s'agisse de l'Église baptiste ou de l'Église de scientologie, tout aussi absurde et dangereuse, doivent être supprimées.

L'accord reposant sur l'honneur entre l'Église et l'État garantissait que *Nous, le peuple* (l'État) n'aiderons ni ne gênerons en aucune manière toute religion ; il faisait aussi observer, distraitement, que la religion étant « une bonne chose », la petite église d'Elm Street n'aura pas à payer de taxe foncière. Personne n'avait envisagé que les biens immobiliers ayant le plus de valeur au cœur de la plupart de nos vieilles villes seraient exonérés d'impôt ; pendant ce temps, les Églises, les temples et les accumulateurs d'orgone[1] augmentaient leurs biens fonciers et leurs portefeuilles. Le *quo* de cet énorme *quid* était que la religion resterait à l'écart de la politique et n'imposerait pas ses superstitions à *Nous, le peuple*. L'accord a été rompu il y a des années. La carrière scandaleuse du révérend Pat Robertson, candidat à la présidence, en est un exemple.

Comme le Congrès n'agira jamais, il faut un mouvement venu de la base pour amender la Constitution, même s'il n'y a pas un mot dans le premier amendement d'origine sur les exonérations d'impôt ou tout autre droit particulier accordé aux Églises, aux temples ou aux accumulateurs d'orgone. La guerre que doit faire Disney est utile, même si je me rends compte que la seule chose qui soit plus lâche qu'un studio de cinéma ou une chaîne de télévision est un cartel contraint d'agir à découvert. Mais, si tu ne le fais pas, Dame Souris, c'est ton cul de rongeur que 15,7 millions de baptistes vont te botter, sans parler de notre cul à tous.

The Nation
21 juillet 1997

1. Allusion à certaines théories excentriques de Wilhelm Reich.

De justesse ! crie le *Times* et il enterre Al Gore

Le regretté Murray Kempton a écrit un jour que, si le *New York Times* aime se placer comme s'il était au-dessus de la mêlée, cette position ne l'a jamais empêché, une fois le combat livré, de se glisser sur le champ de bataille et d'achever les blessés. Le 12 novembre, coupe-chou en main, les gens du *Times* ont écumé les marais électoraux de Floride et ont porté le coup de grâce aux survivants qui contestaient la prétendue pluralité du « président » Bush.

Dans l'ancienne Union soviétique, différents amis russes étaient souvent étonnamment bien informés des affaires du monde, même si leur point de vue était largement façonné par leur propre *NY Times*, la *Pravda*. Si on leur demandait comment ils avaient connaissance de ce qui se passait réellement, ils souriaient mystérieusement : « Il faut savoir lire la *Pravda*. » À présent que l'URSS n'existe plus, nous nous retrouvons seuls à essayer de débrouiller les mensonges souvent contradictoires de notre *Pravda*, comme l'a montré de façon saisissante, il y a quelques semaines, un numéro où figuraient trois ou quatre comptes rendus pas vraiment résumés des conclusions d'un « examen des bulletins de vote destiné à un groupe de presse ». Apparemment, 175 010 bulletins ont été examinés dans toute la Floride. Comme toujours, quand les redoutables tireurs d'élite du *Times* dérapent dans un no man's land sanglant, il faut dans un premier temps décoder le titre pour trouver des indices. « L'étude des bulletins de vote contestés de Floride montre que les juges n'ont pas été à l'encontre du vote décisif. » Autant pour les théoriciens du complot qui ont osé parler d'ingérence de la cour dans les élections, alors que la cour, comme d'habitude, ne faisait qu'anticiper la volonté de la majorité des gens qu'elle affectionne, depuis les tout premiers procès de la marine au temps de la république d'origine jusqu'à aujourd'hui : les propriétaires fonciers. Titre du *Wall Street Journal* : « Après examen de l'élection, Bush gagne sans l'aide de la Cour suprême. » Complot ? Non. Ils pensent tous la même chose.

L'histoire : *Premier paragraphe* : « Un examen complet des bulletins de vote non comptabilisés en Floride lors de l'élection présidentielle de l'année dernière révèle que George W. Bush aurait gagné même si la Cour suprême des États-Unis avait autorisé le décompte manuel des votes dans tout l'État, comme la Cour suprême de Floride l'avait ordonné. » C'est tout à fait clair. L'État a toujours été en faveur de Bush. Inutile de s'en prendre davantage à la prose conjointe des tireurs d'élite Ford Fessenden et John M. Broder (ce second nom laisse à penser que le principe d'hérédité ne fonctionne pas seulement au niveau présidentiel, mais même à celui du journalisme le plus humble – mais comme John M. n'est pas de la famille de David M., a-t-il été obligé, comme un pape, de changer son nom... quel qu'il fût ?).

Deuxième paragraphe : « Contrairement aux accusations portées par de nombreux partisans de l'ancien vice-président Al Gore... » Notez le terme « partisan ». Un vilain mot. Ils feraient tout pour gagner. Nous les connaissons. Les Bushites ont de la compassion. Ils sont peut-être bêtes, mais ils sont vraiment gentils. Sincères. « ... un examen approfondi des bulletins de vote » a montré que M. Bush aurait gagné si l'ordre de la cour de Floride de les recompter n'avait pas été annulé par la Cour suprême. C'est simple, audacieux. Vrai ? Poursuivez la lecture du *Times*.

Troisième paragraphe. Point essentiel : même si Gore avait obtenu le décompte manuel dans ces quatre comtés, ce que la Cour suprême lui a refusé, Bush aurait conservé son avance. Vous avez compris, mauvais perdants ? Les vrais Américains détestent les mauvais perdants. Vous pouvez arrêter de lire cette histoire maintenant parce que...

Quatrième paragraphe. Les deux éclaireurs du *Times* ont marché sur une mine. Regardez l'explosion des deux éclaireurs. « Mais le groupe de presse, en examinant un nombre plus grand de bulletins rejetés que celui pris en compte dans les décisions de la cour..., s'est aperçu que M. Gore aurait pu gagner si les cours avaient ordonné un décompte de tous les bulletins rejetés dans l'État de Floride... Ces conclusions indiquent que M. Gore aurait pu remporter de justesse la victoire... » Seul quelqu'un de vraiment obséquieux gagne de justesse. Un homme, un vrai, l'emporte haut la main par un vote de 5-4. « ... s'il avait poursuivi devant la cour une action comme celle qu'il avait publiquement prônée quand il avait demandé instamment à l'État de "compter tous les votes". » Ainsi, après l'affirmation du *troisième paragraphe* selon lequel Bush aurait gagné sans la Cour suprême, le *Times*, en se fondant sur une nouvelle preuve, découvre qu'il a « remporté de justesse » la victoire. Quelle va être la suite ?

Cinquième et sixième paragraphes : « En outre, l'examen des bulletins a permis d'étayer les plaintes de beaucoup d'électeurs, notamment de démocrates âgés du comté de Palm Beach » ; le bulletin était si déroutant que « plus de 113 000 électeurs ont voté pour deux candidats à la présidence ou même plus. Parmi ceux-ci, 75 000 ont choisi M. Gore et un candidat mineur ; 29 000 ont choisi M. Bush et un candidat mineur ». Le juge Sandra Day O'Connor, qui n'aime pas trop l'incompétence des classes inférieures, a déclaré publiquement que le bulletin lui paraissait à *elle* parfaitement clair. Mais l'histoire du *Times* est maintenant sortie des rails et je soupçonne qu'à ce stade le bon Howell Raines, le nouveau rédacteur en chef, a dû se rendre compte que ses terroristes se tiraient dans les pieds. Cette phrase a donc été ajoutée pour... clarifier ? annuler ? toute suggestion selon laquelle la conception du bulletin avait été délibérément viciée, laissant le groupe de presse perplexe conclure que puisqu'il « n'y avait pas d'indication claire des intentions de vote des électeurs, *ces chiffres ne figuraient pas* dans les ultimes calculs du groupe ». Nous voici donc au *cinquième paragraphe* dans ce que le *premier paragraphe* nous présentait comme « un examen complet » et nous apprenons qu'un nombre important de bulletins n'a *pas* été comptabilisé parce que les électeurs, déconcertés par la conception du bulletin, ont voté à la fois pour Gore et pour le candidat végétarien ! On nous assure donc qu'il n'y a pas moyen de savoir lequel des deux a été choisi. Pas moyen ? Assurément, le fait que le nom de Gore apparaissait en premier laisse supposer qu'il constituait le premier choix de l'électeur, à moins que, rendu fou par un excès de brocolis, l'électeur ne l'ait placé sur cette position pour rire.

À mesure que ces paragraphes se déroulent, le journal des faits loufoques commence à ressembler au vieux court métrage hilarant de Robert Benchley, « The Treasurer's Report ».

Le *septième paragraphe* avoue imprudemment que « l'examen très approfondi des bulletins de Floride non comptabilisés fournit des munitions aux deux parties... mais il vient aussi confirmer le résultat : une victoire de Bush par une minuscule majorité ». Non, Howell, ce n'est pas vrai, comme cette fabuleuse histoire le démontre.

Au *huitième paragraphe*, le *Times* commence

à imploser. D'abord, une concession majeure. Le groupe de huit organes de presse, aidé par des statisticiens professionnels, a découvert que, « avec certaines méthodes [de recomptage – lesquelles ?], M. Gore aurait été vainqueur ; avec d'autres, cela aurait été M. Bush ». Au *neuvième paragraphe*, le *Times* tend un piège et y tombe. Il cite l'opinion majoritaire de la Cour suprême qui refuse à la Floride un recomptage complet, comme l'avaient ordonné les cours de Floride, en invoquant qu'un tel recomptage « utilisant des critères variables » (il n'y a pas de critères autres que variables en Floride) menaçait de causer « un tort irréparable » à M. Bush. Oui. Il aurait été renvoyé chez lui à Crawford. Au *dixième paragraphe*, le raisonnement du *Times* devient surréaliste : « L'étude du groupe montre que M. Bush aurait gagné même si les juges ne s'étaient pas interposés... » Trop tard, Howell. Trop peu. La schizophrénie règne désormais à Times Square. Les *paragraphes onze* à *treize* ergotent sur les machines à voter. Le *quatorzième* répète que Gore aurait dû exiger un recomptage dans tout l'État et combien les partisans de Bush ont été avisés de s'y opposer. Le *quinzième paragraphe* : « dans une conclusion pleine d'ironie » (veine inaccessible aux mineurs du *Times*), « les résultats montrent que même si les efforts de M. Gore pour imposer un recomptage des votes dans les quatre comtés démocrates avaient été couronnés de succès..., il aurait tout de même perdu... Un recomptage dans tout l'État aurait peut-être produit assez de voix pour faire pencher l'élection de son côté » (faire pencher seulement ? C'est une façon de parler), « quel que soit le critère choisi pour juger les intentions de vote des électeurs ».

Enfin, le *seizième paragraphe* : « Une enquête du *New York Times* il y a quelques semaines a révélé que 680 bulletins arrivés en retard (d'outre-mer) ne correspondaient pas aux critères de Floride *et ont pourtant été comptabilisés*. La grande majorité de ces bulletins irréguliers ont été acceptés dans des comtés favorables à M. Bush après les efforts énergiques de ses stratèges qui ont fait pression sur les fonctionnaires pour qu'ils les acceptent. » J'ai ensuite déniché cette histoire plus ancienne (15 juillet 2001). Elle est cependant moins homogène que le présent récit. « En analysant les 2 490 bulletins (d'outre-mer)... le *Times* a trouvé 680 votes discutables », parmi lesquels « quatre sur cinq ont été acceptés dans des comtés remportés par M. Bush » ; il l'emporte ainsi de 537 voix. Pourtant, le 15 juillet, le *Times* avait le sentiment que « les 680 votes auraient été invalidés si les lois électorales de l'État avaient été appliquées strictement ». Je trouve que, pour montrer leur bonne foi, les rédacteurs auraient dû mettre le *seizième paragraphe* à la place du *premier paragraphe* : on commence par le délit puis on l'éclaire – ou on l'écarte selon ce qu'on recherche. Le mettre en point d'orgue à une histoire déroutante suggère un désir de cacher et non d'élucider ce qui s'est passé.

Finalement, grâce à l'acceptation des 680 bulletins irréguliers, Bush a « gagné » par 537 voix, puisque, au minimum, ce nombre a été compté, à tort ou à raison, en faveur de Bush, autrement (tenez-vous bien), pourquoi ces bulletins manifestement irréguliers seraient-ils comptés par ses partisans ? En d'autres termes, si d'autres comptages magiques avaient comptabilisé ces bulletins pour Gore, cela aurait enlevé 537 voix à Bush qui auraient bénéficié à Gore ; celui-ci serait alors devenu, en dépit des interventions inquiétantes de la Cour suprême, le quarante-troisième président. Le *Times*, après avoir consulté l'oracle de Delphes et, vraisemblablement, examiné en détail les entrailles d'une vache folle, a fait appel à un « expert » d'Harvard qui a exprimé l'opinion – terme qui se glisse dans le jargon des journalistes sur les traces de « gagner de justesse » – qu'il n'y avait aucun moyen de déterminer avec une « certitude mathématique » qui était le vainqueur. Cet homme a bien mérité ses honoraires.

Le 12 novembre a été une sacrée journée au *Times*. Après l'article de Fessenden et Broder en première page, il y avait l'article de Richard Berke intitulé « Qui a gagné en Floride ? La réponse apparaît, mais certainement pas le dernier mot ». Ça, alors ! Là où Fessenden et Broder commencent par « *Un* examen complet » des bulletins, Berke démarre par une note de triomphe. Il change l'article « Un » en « *L'*examen complet des... », etc. C'est à peu près la même histoire, mais elle paraît un peu mince quand elle essaie de nous convaincre que tout est pour le mieux dans le meilleur des mondes parce que, après « le drame de trente-six jours à l'automne dernier, presque tout le pays est passé à autre chose depuis longtemps », se mettant en marche comme pour partir en guerre, pourrait-on dire. On parle du 11 septembre comme d'un moment de vérité pour tous les patriotes et « de nombreux partisans des démocrates répugnent à mettre en question la légitimité d'un président en temps de guerre ». Le journaliste mentionne la défaite du président Grover Cleveland en 1888 – il avait remporté le vote populaire, perdu le Collège électoral et avait été réélu quatre ans plus tard. La comparaison n'est pas possible. Cleveland n'a pas été dépossédé de l'élection comme Gore. L'analogie est plus juste concernant le gouverneur de New York Samuel Tilden – un démocrate –, qui a gagné l'élection de 1876 avec une majorité de 250 000 voix et qui a bel et bien été dépossédé de l'élection par le parti républicain, dont les troupes occupaient encore certaines parties du Sud..., etc. Puisque le *Times* fait référence aux victoires du parti républicain, je veux attirer l'attention du lecteur sur mon roman *1876*, dans lequel j'explique comment l'élection de cette année-là a été détournée et comment Tilden s'est retiré calmement, comme l'a fait Gore. On n'a plus jamais entendu parler de Tilden.

L'aspect le plus déprimant de toute cette histoire est le peu d'intérêt que les gens semblent porter à l'usurpation anticonstitutionnelle d'une élection présidentielle par une majorité malhonnête de la Cour suprême. Il est également étonnant de voir combien peu ils sont émus par les droits que nous perdons si rapidement dans la guerre – qui ne sera jamais gagnée – contre le terrorisme – qui ne sera jamais défini. Les confusions actuelles du *New York Times* ne sont pas tant les problèmes habituels de ce journal à propos d'une information honnête que ce qui semble être une indifférence parfaite au bien de cette république, contrairement aux applaudissements réclamés par les entreprises pour saluer une nouvelle patrie rendue possible par novembre 2000, et non septembre 2001. Pendant ce temps, le vice-président Cheney, dans son bunker « secret », se demande sans doute s'il faut ou non différer l'élection présidentielle de 2004, qui sèmera à coup sûr la discorde. Après tout, la sécurité nationale passe avant tout.

The Nation
Mai 2001

Une lettre à remettre

J'écris cette note une douzaine de jours avant l'intronisation du perdant de l'élection présidentielle de l'année 2000. République perdue ainsi que dernier empire. Nous nous trouvons aujourd'hui face à des aménagements rappelant le XVIIe siècle japonais : un mikado impuissant dominé par un shogun vice-président et ses conseillers guerriers du Pentagone. Rêvent-ils, comme les shoguns d'autrefois, de la conquête de la Chine ? Nous en saurons davantage très vite, je pense. Sayonara.

11 janvier 2001

Félicitations[1], Monsieur le Président Élu. Comme tout le monde, je suis impatient d'entendre votre discours d'inauguration. Comme vous devez maintenant le savoir, nous n'étions jamais rassasiés de vos discours durant la récente cam-

1. Cet article a été écrit pour *Vanity Fair* avant l'élection présidentielle du 7 novembre 2000 *(N.d.T.)*.

pagne à l'issue de laquelle le meilleur l'a emporté, comme c'est toujours le cas dans « la plus grande nation du pays », selon la célèbre phrase de Spiro Agnew[1].

À propos du premier discours que vous nous adresserez en tant que président, j'espère que vous ne vous formaliserez pas si j'apporte quelques suggestions, comme j'avais l'habitude de le faire dans les années soixante lors de mes tours d'horizon réguliers sur les États de l'Union dans l'émission télé de David Susskind d'heureuse mémoire. Tout d'abord, je me suis dit que ce nouveau départ pouvait être une bonne occasion d'admettre que, durant ces cinquante dernières années, nous avons mené « une guerre perpétuelle pour une paix perpétuelle », comme l'a si bien dit l'historien Charles A. Beard.

J'ai l'impression, Monsieur le Président Élu, que la plupart des Américains aimeraient voir notre économie de guerre transformée en économie de paix. Bien entendu, nous souhaitons toujours garder la tête haute. Nous ne voulons pas non plus que nos impôts soient gaspillés pour la santé publique, car ce serait le communisme, que nous avons tous en horreur. Mais nous aimerions que quelques dollars de nos impôts soient dépensés pour l'éducation. Vous souvenez-vous de ce que vous avez dit lors de votre dernier débat avec votre adversaire, aujourd'hui réduit à l'état

1. Vice-président de Nixon qui a démissionné six mois auparavant *(N.d.T.)*.

de toast carbonisé ? « L'éducation est la clef du nouveau millénaire. » (En réalité, je vois dans mes notes que vous avez dit cela tous les quatre.)

Quoi qu'il en soit, il est temps d'abandonner notre rôle, peu apprécié dans l'ensemble, de gendarme du monde : nous démolissons la Colombie, tout en assignant à résidence, comme on dit dans la police, Cuba, l'Irak et, récemment encore, la Serbie. Cette ingérence compulsive dans les affaires des autres États coûte cher et ne sert à rien. Nous ferions mieux d'apporter des « améliorations internes » à notre propre pays, comme le disait Henry Clay. Pour y parvenir, votre première tâche importante consistera à contenir les seigneurs de la guerre du Pentagone, leurs alliés au Congrès et les conseils d'administration de l'Amérique des entreprises. Depuis que l'Union soviétique, mauvaise joueuse, s'est dissoute et a opté pour le proto-capitalisme et la comptabilité en partie double, nos seigneurs de la guerre sont partis dans une quête anxieuse de nouveaux ennemis afin de justifier un budget militaire en constante augmentation. Il faut évidemment combattre le terrorisme. Il y a aussi la lutte contre la drogue, qu'il faut mener et qui n'est jamais gagnée. Malgré tout, parmi les tentatives vouées à l'échec, la destruction prochaine de la Colombie, autrefois pays démocratique et libéral, promet d'être très amusante pour les seigneurs de la guerre et les médias, si elle ne l'est pas pour les habitants d'un pays jadis heureux. Récemment, un nouveau danger bien net et bien présent a été dévoilé : les États Voyous ou « États inquiétants ». Actuellement, la Corée du Nord, l'Irak et l'Iran ont été ainsi désignés, tandis que le milliard de musulmans dans le monde a été stigmatisé ; on a traité ces gens de fanatiques détraqués s'appliquant à détruire tout ce qui est bon sur terre, c'est-à-dire nous.

Puisque nous avons littéralement ciblé nos ennemis, le Pentagone présume que, tôt ou tard, les Voyous vont détruire nos villes, vraisemblablement à partir de vaisseaux spatiaux. Pour nous protéger, il faut donc mettre en place le Bouclier nucléaire aérien mémorial de Ronald Reagan, pour un coût initial de soixante milliards de dollars, même si, comme en juillet, les essais du système continuent à être des échecs, quelle que soit la façon dont le Pentagone les truque. Le fait que, d'après les sondages, la majorité de vos électeurs pense que nous avons déjà ce bouclier vous permet de dire que vous allez le moderniser et de ne rien faire. Après tout, de 1949 à 1999, les États-Unis ont dépensé 7,1 mille milliards de dollars pour la « Défense nationale ». En conséquence, la dette nationale est de 5,6 mille milliards de dollars : 3,6 mille milliards de dollars sont dus au public et 2 mille milliards aux caisses de Sécurité sociale et d'assurance maladie, tout cela à cause des dépenses militaires et du service de la dette ainsi contractée.

Monsieur le Président Élu, comme on jongle toujours avec les chiffres du Trésor, ce serait gentil de votre part de veiller à ce que les recettes et les dépenses réelles de l'argent fédéral soient présentées avec honnêteté. L'année dernière, le gouvernement nous a déclaré, faussement, que ses recettes dépassaient tout juste 1,8 mille milliards de dollars et qu'il avait dépensé à peine moins de 1,8 mille milliards de dollars ; de là le fameux excédent fantôme, alors qu'il y avait, naturellement, notre déficit habituel et sans prétentions de quatre-vingt-dix milliards de dollars. D'année en année, les recettes officielles du gouvernement sont gonflées par la prise en compte comme revenu des recettes des caisses de Sécurité sociale et d'assurance maladie du peuple. Ces caisses ne sont pas des revenus fédéraux. Cette année, la Sécurité sociale possède un excédent sain de cent cinquante milliards de dollars. Pas étonnant que l'Amérique des entreprises et ses employés au Congrès soient pressés de privatiser cette caisse saine, jusqu'ici mise en danger uniquement par eux.

Bien que l'année dernière les dépenses militaires réelles aient été moins importantes que d'habitude, la moitié du budget a néanmoins servi à financer les guerres à venir ainsi qu'à faire exploser une quelconque usine d'aspirine au Soudan. Les dépenses au comptant des militaires se sont élevées à 344 milliards de dollars, tandis que les intérêts de la dette nationale occasionnée par les militaires se montaient à 282 milliards de dollars : je suis désolé de vous ennuyer avec ces statistiques, mais elles sont au cœur de notre – quel était le mot malheureux de Jimmy Carter ? – malaise (mot français pour dire qu'on est fauché). La promesse en l'air de l'administration Clinton concernant un excédent budgétaire de

1,8 mille milliards de dollars dans les dix années à venir était naturellement une fiction audacieuse bien que réconfortante, fondée sur des estimations surréalistes des recettes fédérales à venir – sans parler des dépenses qui, si elles sont comparables à la prodigalité du Congrès en septembre dernier, nous feront plonger dans le rouge.

Monsieur, si vous voulez être d'une quelconque utilité pour le pays et pour la planète qu'elle retient en otage, vous allez devoir dompter l'armée américaine. Discipliner les chefs incontrôlables des forces armées. En septembre dernier, le général H. H. Shelton, président de l'état-major interarmées, a déclaré qu'il fallait davantage, et pas moins, de dollars. Plus précisément, les marines veulent 1,5 milliard de dollars supplémentaires par an, l'armée de terre veut plus de 30 milliards de dollars, la marine 20 milliards de dollars, l'armée de l'air 30 milliards de dollars, tout cela en l'absence d'un ennemi (nous dépensons vingt-deux fois plus que nos sept ennemis potentiels réunis – Cuba, l'Iran, l'Irak, la Libye, la Corée du Nord, le Soudan et la Syrie). Vous ne devez pas accorder ces augmentations ruineuses.

En août 1961, j'ai rendu visite au président Kennedy à Hyannis Port. Le mur de Berlin était en construction et le président était sur le point d'entamer un rassemblement militaire de grande envergure – à contrecœur, prétendait-il en tirant sur un cigare libéré du Cuba de Castro par un ami. Il faut noter que Jack détestait les libéraux plus encore que les conservateurs. « Personne n'est jamais assez libéral pour le *New York Post*, a-t-il déclaré. Enfin, le *Post* doit être content, maintenant. Berlin va nous coûter au moins 3,5 milliards de dollars. Ainsi, avec ce rassemblement militaire, nous aurons un déficit de 7 milliards de dollars pour l'année. C'est beaucoup pour amorcer la pompe. » Il a froncé les sourcils. « Seigneur, je déteste la façon dont ils jettent l'argent par les fenêtres au Pentagone.

– Ce n'est pas eux, ai-je dit. C'est vous. C'est votre administration. » D'un ton brusque, il m'a expliqué les choses de la vie et je vous les livre comme le conseil du trente-cinquième au – qu'êtes-vous, Monsieur le Président ? Le quarante-troisième président ? « La seule façon pour un président de contrôler le Pentagone serait de passer les quatre ans de son premier mandat à ne rien faire d'autre qu'enquêter sur cette pagaille, ce qui signifie qu'il ne pourrait vraiment rien faire d'autre...

– Comme se faire réélire ? »

Il a souri. « Quelque chose comme ça. »

Je propose donc, Monsieur le Président Élu, pendant qu'il en est encore temps, que vous vous attaquiez aux liens entre l'Amérique des entreprises et les militaires, et que vous rationalisiez au mieux les différentes politiques d'équipement, notamment le Bouclier nucléaire aérien mémorial de Ronald Reagan. Vous devriez aussi révéler aux Américains certains secrets du Pentagone. En 1995, nos missiles étaient braqués sur 2 500 objectifs étrangers. Aujourd'hui, pour commémorer la paix dans le monde, nos missiles sont braqués sur 3 000 objectifs – dont 2 260 en Russie ; les autres sont pointés sur la Chine et les États Voyous. Bien que le président Clinton ait parlé avec éloquence de la nécessité de réduire le nombre de ces missiles nucléaires si redoutables, le Pentagone fait ce qu'il veut et rend le monde dangereux pour tout le monde. Cependant, *USA Today* a récemment annoncé que les militaires étaient le groupe qui jouissait de la plus forte cote de popularité (soixante-quatre pour cent) dans le pays – le Congrès et le monde des affaires sont parmi les moins populaires. Naturellement, les forces armées dépensent deux cent soixante-cinq millions de dollars par an en publicité.

Jack Kennedy avait beaucoup aimé le thriller de Fletcher Knebel, *Sept jours en mai*, qui est devenu plus tard un film. Voici l'histoire : un chauvin, calqué sur le véritable amiral Arthur Radford, prépare un coup d'État pour s'emparer de la Maison-Blanche. Jack avait trouvé le livre fascinant. « Mais, a-t-il gloussé d'un air assez mécontent, il est beaucoup plus probable que ce président lèvera un jour sa propre armée et occupera leur fichu bâtiment. » Non, je ne suis pas d'accord avec la thèse d'Oliver Stone selon laquelle les généraux l'ont assassiné. Mais il y a quelque part un chien de garde qui n'aboie apparemment jamais la nuit. Pourtant, le chien qui n'aboie pas est celui qui devrait défendre la maison contre les voleurs, dans ce cas précis le complexe militaro-industriel contre lequel le président Eisenhower nous a si généreusement mis en garde. Bien qu'il y ait de nombreuses histoires dans les médias sur les surcoûts importants dans les industries de la Défense ainsi que sur le lent démarrage de ce qui pourrait encore devenir un véritable débat sur le bouclier nucléaire – que Reagan a envisagé pour nous après avoir vu *Le Rideau déchiré* d'Alfred Hitchcock, film bien moins bon que *Sept jours en mai*, il n'existe, pour l'instant, pas de débat sur le rôle des militaires dans la vie du pays et sur la menace actuelle qu'ils représentent pour nous tous, grâce à l'orgueil démesuré d'officiers supérieurs qui se sont habitués à distribuer des sommes considérables de l'argent public pour des missiles qui ne peuvent pas atteindre leurs objectifs et pour des bombardiers qui ne peuvent pas voler quand il pleut. Le Congrès, qui devrait y veiller, ne le fait pas parce que trop de ses membres sont financés par les mêmes entreprises qui absorbent l'argent de nos impôts ; le fait que les officiers supérieurs, après avoir passé des commandes aux industries de l'armement, se transforment très souvent en représentants pour les mêmes entreprises dont ils sont clients, ne facilite pas vraiment les choses.

On attendait de Clinton qu'il se comporte plus raisonnablement que tous les présidents récents sur les questions économiques. Il comprenait comment fonctionne l'économie. Mais, comme il avait utilisé diverses combines pour rester à l'écart de la guerre du Vietnam, il est entré en fonctions en n'étant guère à l'aise avec les militaires. Quand Clinton a tenté de tenir la promesse faite aux électeurs gays sur le fait que la vie privée de tout militaire ne regardait que lui, les seigneurs de la guerre ont hurlé que la morale allait être détruite. Clinton a fait machine arrière. Quand Clinton est monté à bord du porte-avions *U.S.S. Theodore Roosevelt* pour passer les troupes en revue, les marins se sont pavanés avec des balais à franges sur la tête en jouant les pédés et en huant le président qui se tenait là sans bouger. Ces affronts réussis à l'autorité civile ont rendu les militaires encore plus agressifs et insolents. Et maintenant, il faut les faire rentrer dans le rang.

Cet été, les seigneurs de la guerre du Pentagone ont présenté leur Program Objective Memorandum au ministre de la Défense. C'est en général une liste de souhaits polis concernant ce qu'ils aimeraient voir sous leur arbre de Noël. En septembre, la liste des souhaits ressemblait à un ultimatum. Comme l'a dit un officier en désaccord : « Au lieu d'un budget fondé sur un chiffre maximum, les chefs réclament un budget fondé sur la stratégie militaire. » Leurs stratégies militaires conjointes, telles qu'elles ont été expérimentées lors des conflits des cinquante dernières années, sont en général désastreuses mais, dans ce contexte, stratégie militaire signifie simplement comment extorquer trente milliards de dollars par an au gouvernement et plus de cinquante et un pour cent du budget qui est déjà consacré aujourd'hui à la guerre. Monsieur le Président Élu, je vous conseillerais de déménager votre bureau, actuellement dans l'aile ouest de la Maison-Blanche, au Pentagone, de l'autre côté du Potomac. Même si chaque jour que vous y passerez risque de vous faire connaître vos Ides de Mars, vous aurez au moins la satisfaction de savoir que vous avez tenté de faire quelque chose pour nous, le peuple jusqu'à présent non représenté.

Il y a cinquante ans, Harry Truman a remplacé l'ancienne république par un État de sécurité nationale dont le seul objectif est de mener des guerres perpétuelles, chaudes, froides et tièdes. Date exacte du remplacement ? 27 février 1947. Lieu : Cabinet de la Maison-Blanche. Distribution : Truman, le sous-secrétaire d'État Dean Acheson, une poignée de leaders du Congrès. Le sénateur républicain Arthur Vandenberg a déclaré à Truman qu'il ne pourrait avoir son économie militarisée que s'il commençait par « ficher une peur de tous les diables aux Américains » en prétendant que les Russes arrivaient. Truman a obtempéré. La guerre perpétuelle a commencé. Le gouvernement représentatif de, par et pour le peuple n'est plus qu'un vieux souvenir. Seule l'Amérique des entreprises jouit d'une représentation aux Chambres du Congrès et de présidents qu'elle paie selon un arrangement où personne n'est entièrement redevable, car ceux qui achètent le gouvernement possèdent également les médias. Aujourd'hui, avec la révolte de la garde prétorienne du Pentagone, nous entrons dans une phase nouvelle et dangereuse. Bien que nous stigmatisions régulièrement d'autres sociétés en les traitant d'États voyous, nous sommes nous-mêmes devenus le plus grand de tous les États voyous. Nous ne respectons aucun traité. Nous rejetons avec mépris les tribunaux internationaux. Nous frappons unilatéralement où bon nous semble. Nous donnons des ordres aux Nations unies, mais nous n'y payons pas nos cotisations. Nous nous plaignons du terrorisme et, pourtant, notre empire est devenu le plus grand des terroristes. Nous bombardons, envahissons, renversons d'autres États. Bien que Nous le Peuple des États-Unis soyons l'unique source de pouvoir légitime dans ce pays, nous ne sommes plus représentés aux deux Chambres du Congrès. Notre Congrès a été détourné par l'Amérique des entreprises et la machine militaire impériale qui la fait respecter. Nous le Peuple non représenté des États-Unis sommes autant victimes de ce gouvernement militarisé que les Panaméens, les Irakiens ou les Somaliens. Nous l'avons laissé s'emparer de nos institutions au nom d'un empire américain mondialisé, dont le concept est complètement étranger à ce que nos Fondateurs avaient en tête. Je pense qu'il est bien trop tard pour restaurer la république que nous avons perdue il y a un demi-siècle.

Et pourtant, Monsieur le Président Élu, il existe une mince probabilité pour que vous puissiez réellement changer quelque chose si vous commencez tout de suite à ramener au pas les seigneurs de la guerre. Réduisez les dépenses militaires, ce qui vous rendra populaire parce que vous pourrez alors réduire légitimement nos impôts au lieu de faire ce pour quoi vous avez été commandité : libérer l'Amérique des entreprises de ses faibles charges fiscales. En 1950, les impôts sur les bénéfices des sociétés représentaient 25 pour cent des recettes fédérales. En 1999, ils ne représentaient plus que 10,1 pour cent. En fin de compte, aussi vrai que vous n'avez pas été élu par Nous le Peuple mais par les sommes considérables fournies par les entreprises, le jour du jugement approche. Servez-vous de votre premier mandat pour forcer le Pentagone. Ne pensez pas à un second mandat. Après tout, si vous réussissez de l'autre côté du Potomac, vous serez un héros pour Nous le Peuple. Si vous échouez ou, pire, si vous ne faites rien, vous serez peut-être le dernier président avant que l'histoire ne cesse de s'intéresser aux États-Unis et que toute notre fière rhétorique ne se trouve réduite à un écho de plus en plus lointain. Méditez également une étrange remarque faite par Clinton, votre prédécesseur prudent bien qu'infortuné. Quand Gingrich et son Contrat sur (plutôt que : avec) l'Amérique a pris le contrôle du Congrès, Clinton a déclaré : « Le président n'est pas sans raison d'être. » Qu'il puisse le devenir était un aveu renversant. Eh bien, monsieur, ayez votre raison d'être. Préservez, protégez et défendez ce qui reste de nos anciennes libertés, sans parler de notre fortune lourdement hypothéquée[1].

Vanity Fair
Décembre 2000

1. Répété avec le message aux troupes suivant : Et ainsi, Monsieur le Président, élu par la Cour suprême (5-4), a maintenant nommé, en plus d'un vice-président qui a été ministre de la Défense, un autre ancien ministre de la Défense à ce poste, ainsi qu'un général au poste de secrétaire d'État ; ainsi, la cause a été abandonnée.

Appendice
La Déclaration des droits [1]

ARTICLE PREMIER
Le Congrès ne fera aucune loi qui touche l'établissement ou interdise le libre exercice d'une religion, ni qui restreigne la liberté de la parole ou de la presse, ou le droit qu'a le peuple de s'assembler paisiblement et d'adresser des pétitions au gouvernement pour la réparation des torts dont il a à se plaindre.

ARTICLE II
Une milice bien organisée étant nécessaire à la sécurité d'un État libre, le droit qu'a le peuple de détenir et de porter des armes ne sera pas transgressé.

ARTICLE III
Aucun soldat ne sera, en temps de paix, logé dans une maison sans le consentement du propriétaire, ni en temps de guerre, si ce n'est de la manière prescrite par la loi.

ARTICLE IV
Le droit des citoyens d'être garantis dans leurs personne, domicile, papiers et effets, contre les perquisitions et saisies

1. Les dix premiers amendements, qui constituent la Déclaration des droits, furent adoptés en 1791.

non motivées ne sera pas violé, et aucun mandat ne sera délivré, si ce n'est sur présomption sérieuse, corroborée par serment ou affirmation, ni sans qu'il décrive particulièrement le lieu à fouiller et les personnes ou les choses à saisir.

ARTICLE V
Nul ne sera tenu de répondre d'un crime capital ou infamant sans un acte de mise en accusation, spontané ou provoqué, d'un Grand Jury, sauf en cas de crimes commis pendant que l'accusé servait dans les forces terrestres ou navales, ou dans la milice, en temps de guerre ou de danger public ; nul ne pourra pour le même délit être deux fois menacé dans sa vie ou dans son corps ; nul ne pourra, dans une affaire criminelle, être obligé de témoigner contre lui-même, ni être privé de sa vie, de sa liberté ou de ses biens sans procédure légale régulière ; nulle propriété privée ne pourra être réquisitionnée dans l'intérêt public sans une juste indemnité.

ARTICLE VI
Dans toutes poursuites criminelles, l'accusé aura le droit d'être jugé promptement et publiquement par un jury impartial de l'État et du district où le crime aura été commis – le district ayant été préalablement délimité par la loi –, d'être instruit de la nature et de la cause de l'accusation, d'être confronté avec les témoins à décharge, d'exiger par des moyens légaux la comparution de témoins à charge, et d'être assisté d'un conseil pour sa défense.

ARTICLE VII
Dans les procès de droit commun où la valeur en litige excédera vingt dollars, le droit au jugement par un jury sera observé, et aucun fait jugé par un jury ne sera examiné de nouveau dans une cour des États-Unis autrement que selon les règles du droit commun.

ARTICLE VIII
Des cautions excessives ne seront pas exigées, ni des amen-

des excessives imposées, ni des châtiments cruels et exceptionnels infligés.

ARTICLE IX
L'énumération de certains droits dans la Constitution ne pourra être interprétée comme déniant ou restreignant d'autres droits conservés par le peuple.

ARTICLE X
Les pouvoirs qui ne sont pas délégués aux États-Unis par la Constitution, ni refusés par elle aux États, sont conservés par les États respectivement ou par le peuple.

TABLE

Du même auteur

Myra Breckinridge et *Myron*, Rivages, 2002
Un garçon près de la rivière, Rivages, 1999
La Ménagerie des hommes illustres, Payot, 1999
En direct de Golgotha, Fayard, 1994
L'Histoire à l'écran, Fayard, 1994
Empire, Éditions de Fallois, 1993
Kalki, L'Âge d'Homme, 1991
Hollywood, Éditions de Fallois, 1990
Julien, Éditions Julliard, 1987
Artistes et Barbares, L'Âge d'Homme, 1985
Lincoln, Julliard, 1985
Duluth, Julliard, 1984, Éditions 10/18, 1989
Création, Grasset, 1983
Messiah, Belfond, 1980
Les Faits et la Fiction, Belfond, 1980
Burr, Belfond, 1978

Collection dirigée par Lidia Breda

Déjà parus dans la même collection

Giorgio Agamben, *Stanze. Parole et fantasme dans la culture occidentale*
Giorgio Agamben, *Moyens sans fins*
Giorgio Agamben, *Ce qui reste d'Auschwitz*
Giorgio Agamben, *Le temps qui reste*
Günther Anders, *Nous, fils d'Eichmann*
Hannah Arendt, *Le Concept d'amour chez Augustin*
Erri De Luca, *Un nuage comme tapis*
Erri De Luca, *Alzaia*
Sigmund Freud-Stefan Zweig, *Correspondance*
Hans-Georg Gadamer, *L'Héritage de l'Europe*
Hans Jonas, *Évolution et liberté*
Rilke-Balthus, *Lettres à un jeune peintre*
Arthur Schnitzler-Stefan Zweig, *Correspondance*
Leo Strauss, *Nihilisme et politique*
Peter Sloterdijk, *Dans le même bateau*
Frédéric de Towarnicki, *Martin Heidegger*
Janwillem Van de Wetering, *L'Après-zen*

Impression réalisée sur CAMERON par

BUSSIÈRE CAMEDAN IMPRIMERIES

GROUPE CPI

à Saint-Amand-Montrond (Cher)
pour le compte des Éditions Payot & Rivages
en février 2002

N° d'impression : 020828/1.
Dépôt légal : février 2002.

Imprimé en France